ADMIRÁVEL MUNDO LOUCO

CARO(A) LEITOR(A),

Queremos saber sua opinião sobre nossos livros.

Após a leitura, siga-nos no **linkedin.com/company/editora-gente**,

no TikTok **@editoragente** e no Instagram **@editoragente**,

e visite-nos no site **www.editoragente.com.br**.

Cadastre-se e contribua com sugestões, críticas ou elogios.

RENATA SPALLICCI

ADMIRÁVEL MUNDO LOUCO

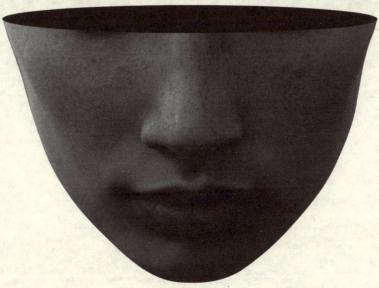

UM GUIA PARA TE LEVAR DA
SOBRECARGA À SAÚDE MENTAL

Diretora
Rosely Boschini

Gerente Editorial Sênior
Rosângela de Araujo Pinheiro Barbosa

Editora Júnior
Natália Domene Alcaide

Assistente Editorial
Mariá Moritz Tomazoni

Produção Gráfica
Fábio Esteves

Preparação
Vero Verbo Serv. Editoriais

Capa
Renata Zucchini

Projeto Gráfico e Diagramação
Plinio Ricca

Revisão
Fernanda Guerriero Antunes

Impressão
Rettec

Copyright © 2023 by Renata Spallicci
Todos os direitos desta edição
são reservados à Editora Gente.
Rua Natingui, 379 – Vila Madalena
São Paulo, SP – CEP 05435-000
Telefone: (11) 3670-2500
Site: www.editoragente.com.br
E-mail: gente@editoragente.com.br

Dados Internacionais de Catalogação na Publicação (CIP)
Angélica Ilacqua CRB-8/7057

Spallicci, Renata
 Admirável mundo louco : um guia para te levar da sobrecarga à saúde mental /
Renata Spallicci. - São Paulo : Editora Gente, 2023.
 192 p.

ISBN 978-65-5544-401-8

1. Desenvolvimento pessoal 2. Saúde mental 3. Internet – Aspectos psicológicos I.
Título

23-5598 CDD 158.1

Índices para catálogo sistemático:
1. Desenvolvimento pessoal

NOTA DA PUBLISHER

Vivemos em um mundo caótico e acelerado, marcado pelo constante turbilhão de informações, por demandas incansáveis e desafios crescentes. Nossa sociedade, embora repleta de avanços e oportunidades, muitas vezes nos deixa à mercê de um mar agitado, ameaçando nosso bem-estar e nossa sanidade. Caminhamos todos os dias para o esgotamento e para o estresse. Por isso, a busca pelo equilíbrio e pela saúde mental está na ordem do dia.

Admirável mundo louco é um projeto que nasceu para suprir esta necessidade. Um livro profundo e inspirador, escrito pela brilhante Renata Spallicci. Uma mulher de visão que, motivada por sua própria crise pessoal e jornada em busca do equilíbrio, agora compartilha estudos, pesquisas e lições valiosas sobre a importância de cuidar da mente.

Renata apresenta um olhar revelador e uma reflexão necessária sobre o estado do mundo em que vivemos, sobre o ritmo frenético, sobre o impacto da tecnologia, mas traz também ferramentas e estratégias para encontrar o equilíbrio em meio a isso tudo. Porque o mundo não vai mudar, mas não podemos deixar que ele nos adoeça. O equilíbrio pode – e deve – ser restaurado, mesmo em meio ao caos.

Este livro é um farol de esperança em tempos desafiadores e vai ajudar você, leitor, a enfrentar os desafios desse mundo acelerado e a encontrar a harmonia. Sua jornada para uma vida mais equilibrada, saudável e plena começa agora. Boa leitura!

Rosely Boschini
CEO e Publisher da Editora Gente

Dedico este livro aos corajosos, aos humildes, aos que sentem verdadeiramente, aos que se perdem e se encontram, aos que pedem ajuda e àqueles que sequer têm forças para isso.

Para aqueles que transformam dor em aprendizado.

Para aqueles que cuidam e também precisam de cuidado.

Que esta obra proporcione coragem a muitos para que se mostrem vulneráveis, pois aqueles que são capazes de enxergar e expor suas fraquezas e batalhar para superá-las são os que estão mais próximos de encontrar a felicidade.

AGRADECIMENTOS

Agradeço a Deus por me manter firme em meu propósito de ajudar as pessoas, mesmo diante de todas as dificuldades. E agradeço a todos que me ajudaram a transformar esta obra em realidade.

Aos meus pais, Martha e Renato, por me incentivarem a levar minha mensagem cada vez mais longe.

À equipe da Editora Gente, em especial ao Roberto e à Rosely, que sempre me acolhem com todo o carinho.

Aos meus fiéis amigos e escudeiros em todos os meus projetos, Silvio Monteiro e Vinícius Carvalho, por permitirem que, por alguns momentos de suas vidas, eles se coloquem na minha pele e consigam sentir e transformar em palavras aquilo que vai no meu coração.

Ao dr. Michel Haddad, pela contribuição científica fundamental e riquíssima para garantir a confiabilidade das informações desta obra.

À dra. Camila Magalhães, minha psiquiatra, que foi meu apoio quando passei por uma crise de saúde mental, ensinando-me a não abrir mão de fazer aquilo que amo, mas saber me afastar dos agentes estressores, respeitando minha essência.

Ao meu time, que foi incansável na dedicação de fazer deste livro um sucesso: Bárbara Rodrigues, Bruna Gonçalves, Rafael Dias – *Dream Team!*

E um agradecimento especial àqueles que são minha rede de apoio, sempre me dando suporte, segurança e colo.

Gratidão. Sem cada um de vocês, não teria sido possível!

SUMÁRIO

PREFÁCIO	**12**
PRÓLOGO	**20**
INTRODUÇÃO	**24**

PARTE 1

O MUNDO ESTÁ INSANO	**29**
1— **O QUE AS PESSOAS ESTÃO SENTINDO?**	**30**
2— **UM MUNDO DE PRAZERES IMEDIATOS... E INFELICIDADES DURADOURAS**	**42**
3— **AS REDES SOCIAIS E AS TELAS ESTÃO DEIXANDO VOCÊ DOENTE?**	**48**
4— **A CHEGADA DA INTELIGÊNCIA ARTIFICIAL**	**60**

PARTE 2

E AS PESSOAS ESTÃO SOFRENDO...   75

5— ATENTE AOS LIMITES: QUANDO A VIDA PEDE PARA VOCÊ DESACELERAR   76

PARTE 3

ENCAIXOU-SE NOS SINTOMAS? CALMA, QUE TEM JEITO!   117

6— BUSCAR AJUDA PROFISSIONAL   120

7— CUIDAR DO CORPO   128

8— CUIDAR DA MENTE   136

9— CUIDAR DA ESPIRITUALIDADE   144

10— CRIAR UMA REDE DE APOIO   154

PARTE 4

CONSTRUA UM FUTURO SAUDÁVEL   167

11— GENEROSIDADE   170

12— REGULAR PARA PROTEGER   176

13— CUIDAR DE QUEM CUIDA   182

EPÍLOGO   188

PREFÁCIO

Discutir saúde mental, sobretudo no contexto corporativo, é uma urgência que não pode ser adiada. O ambiente empresarial tem se mostrado, em diversas instâncias, propício para a propagação de transtornos mentais, os quais, ao serem negligenciados, acarretam perda de produtividade e, mais criticamente, prejuízo da qualidade de vida dos colaboradores.

Há tempos que este assunto chama minha atenção e a ele dedico pesquisas e grande parte do meu trabalho, o que culminou na escrita do meu livro mais recente, *Inteligência afetiva*,[1] em que trato de problemáticas relacionadas à saúde mental no âmbito empresarial, evidenciando como os distúrbios mentais têm desafiado as estruturas tradicionais das corporações. A terceira maior causa de afastamento laboral no Brasil advém dos transtornos psicológicos, apontando para uma crise silenciosa que permeia os corredores e escritórios de empresas de todos os tamanhos.

Em uma era marcada por sua complexidade e seus desafios ímpares, a pressão cotidiana, as expectativas profissionais exacerbadas e a constante evolução tecnológica contribuem para a saturação mental e emocional. No entanto, apesar de estarmos, gradativamente, trazendo essas discussões à tona, ainda percebo que existe uma expressiva resistência em tratar estas questões de maneira transparente e autêntica.

É comum, por exemplo, que o medo do julgamento, da demissão ou de serem marginalizados impeça profissionais de compartilharem suas lutas e crises relacionadas à saúde mental. Dessa forma,

---

1 SHINYASHIKI, R. **Inteligência afetiva**: O carinho ainda é essencial. São Paulo: Gente, 2023.

os sentimentos de rejeição e abandono frequentemente prevalecem, formando um ciclo de isolamento emocional e ampliando o estresse e a ansiedade vivenciados.

Ao nos depararmos com um cenário no qual os sintomas de Depressão, Ansiedade, Burnout e Agressividade (DABA) se fazem tão presentes, fica claro que a solidão, potencializada por estresse e pressão constantes, propaga-se, agravando o quadro de maneira muitas vezes insustentável. E esses sentimentos não se manifestam apenas em termos individuais, mas criam um ambiente tóxico e autodestrutivo no local de trabalho.

A propagação do esgotamento físico e mental é frequentemente alimentada por uma cultura corporativa que prioriza metas muitas vezes irreais, prazos apertados e uma sobrecarga insustentável sobre os colaboradores. E é aqui que precisamos interceder de maneira mais enfática e consciente, em especial pessoas que ocupam posição de liderança.

É imprescindível que as lideranças corporativas assumam uma postura proativa não apenas promovendo diálogos transparentes sobre saúde mental, mas também instaurando medidas práticas que ofereçam suporte aos seus colaboradores. Implementar programas de bem-estar, criar espaços seguros para diálogos e garantir acesso a profissionais da saúde mental são passos cruciais nessa jornada.

Não se trata apenas de garantir a saúde dos colaboradores, mas também de assegurar que a empresa como um todo possa prosperar de maneira sustentável e humanizada, preservando seu ativo mais valioso: as pessoas que a compõem. Falar sobre saúde mental é não apenas vital, mas uma maneira de construir ambientes de trabalho mais saudáveis, produtivos e, por fim, mais humanos.

O mundo está evoluindo rapidamente na consciência da importância de se falar abertamente das dificuldades mentais. Naomi Osaka e Simone Biles, duas atletas de renome internacional, trouxeram à luz as discussões cruciais sobre saúde mental no esporte de alto desempenho em eventos muito públicos e influentes.[2]

---

2 CASOS de Simone Biles e Naomi Osaka acendem alerta para a saúde mental no esporte. **GE.** Disponível em: https://ge.globo.com/eu-atleta/post/2021/07/27/casos-de-simone-biles-e-naomi-osaka-acendem-alerta-para-a-saude-mental-no-esporte.ghtml. Acesso em: 23 out. 2023.

Com uma considerável experiência, tendo trabalhado em cinco Olimpíadas, compreendo profundamente os desafios enfrentados por ambas, mas também admiro sua coragem de assumir que passavam por problemas psicológicos. Em outros tempos, suas equipes as retirariam da competição alegando problemas no ombro ou no joelho.

Em 2021, durante o torneio de Roland-Garros, Naomi Osaka, que era a segunda melhor do mundo no tênis, quatro vezes campeã do Grand Slam e a atleta feminina mais bem paga do planeta, trouxe à tona uma questão sensível e que depois foi amplamente debatida: a saúde mental dos atletas. Naomi, com apenas 23 anos na época, revelou estar enfrentando uma batalha contra a depressão e anunciou que não participaria de entrevistas coletivas durante o torneio para proteger sua saúde mental, apesar de reconhecer que essas entrevistas eram uma exigência contratual. Ela argumentou que as coletivas poderiam ser prejudiciais, sobretudo quando um atleta está emocionalmente fragilizado, comparando-as a "dar um chute em alguém que já está caído". Porém, sua tentativa de autopreservação foi desconsiderada pelos organizadores e a atleta foi multada em 15 mil dólares pela administração do campeonato sob o pretexto de não cumprir com suas obrigações com a imprensa. Posteriormente, ela tomou a difícil decisão de se retirar do torneio para cuidar de seu bem-estar.

Nas Olimpíadas de Tóquio, em 2021, Simone Biles, ginasta americana favorita para múltiplas medalhas de ouro, também se retirou abruptamente das competições, citando questões relacionadas à saúde mental. A decisão de Simone foi uma surpresa para o mundo, mas também abriu um importante diálogo global a respeito da pressão insuportável que os atletas enfrentam e sobre a crítica importância do bem-estar mental. Ao contrário da situação de Naomi, a escolha de Simone foi amplamente apoiada e elogiada por sua coragem e honestidade, fazendo dela uma figura inspiradora para atletas e não atletas em todo o mundo. Sua honestidade ao expressar suas lutas se tornou um exemplo para muitos, mostrando que aceitar e comunicar desafios de saúde mental é tão válido quanto reportar uma lesão física.

Infelizmente, Naomi Osaka não recebeu a mesma empatia e suporte imediatos: ela foi multada e, depois de se retirar da competição, esteve ausente de torneios profissionais. Em 2022, Naomi compartilhou mais sobre sua contínua luta contra a depressão, mais um lembrete de que os desafios relacionados à saúde mental podem afetar qualquer pessoa, seja qual for seu status ou suas conquistas profissionais.

Renata Spallicci emerge como uma voz autorizada e inspiradora ao escrever sobre saúde mental, amalgamando sua íntima familiaridade com os desafios pessoais e sua robusta experiência profissional no setor farmacêutico. Como vice-presidente da Apsen, uma das gigantes da indústria farmacêutica brasileira, ela não apenas tem acesso a avanços e pesquisas vitais em saúde, mas também detém um entendimento único sobre as complexidades e intervenções em saúde mental.

Autora best-seller, palestrante renomada e TEDx speaker, Renata transcende sua liderança no mundo corporativo, tocando vidas através de suas autênticas narrativas e partilhas em várias plataformas de comunicação. Já em seu primeiro livro, ela se mostrou extraordinariamente disposta a desnudar sua alma, discutindo a própria jornada de alegrias e desafios, criando assim uma ressonância com quem procura superar obstáculos similares.[3]

Ao partilhar seus triunfos e suas batalhas com tanta franqueza, ela constrói uma ligação inabalável com os que procuram vencer suas próprias adversidades, sendo seu testemunho um reflexo de resiliência e uma prova viva de que é viável conciliar uma trajetória profissional de sucesso com uma caminhada pessoal de autocuidado e superação.

Tecnicamente falando, a visão de Renata é ainda mais amplificada pela sua imersão profunda na indústria farmacêutica, sendo este um pilar essencial no desenvolvimento de abordagens e estratégias para manter e recuperar a saúde mental. Sua competência na criação e gestão de medicamentos, somada à

---

3 SPALLICCI, R. **Sucesso é o resultado de times apaixonados:** Um método inovador para alcançar resultados extraordinários. São Paulo: Gente, 2021.

colaboração com especialistas e investigadores da área, concede-lhe uma perspectiva abrangente e fundamentada sobre o assunto.

Renata Spallicci posiciona-se não só como uma líder inspiradora, mas também como uma voz genuína sobre saúde mental. Sua escrita, que mescla humanidade e ciência, se predispõe a ser um guia para aqueles que percorrem o tumultuado mar das profundezas da psique humana.

Em um contexto no qual os desafios da saúde mental ressoam imensamente, obras como *Admirável mundo louco*, de Renata Spallicci, emergem como um farol, alertando-nos sobre a prevalência dessas doenças que, de maneira silenciosa, se tornaram o mal do século. Renata, através de seu compromisso irrefutável com a conscientização sobre saúde mental, nos conduz por um caminho que entrelaça suas alegrias, seus triunfos e desafios, desvelando uma trajetória pessoal que encontra ressonância em tantos de nós.

Spallicci convida os leitores a uma jornada profunda pela própria mente, e também pelas mentes de outras pessoas que enfrentam os mais variados problemas com a saúde mental, explorando transtornos e crises de uma forma que desafia os estigmas e mal-entendidos comuns associados à saúde mental. Sua sinceridade não somente reflete seu comprometimento pessoal, mas também demonstra uma dedicação em gerar compreensão e empatia em uma sociedade frequentemente desinformada sobre essas questões cruciais.

A prevalência de problemas de saúde mental, evidenciada por atletas de elite como Naomi Osaka e Simone Biles, ilumina a necessidade vital de discussões francas e de remoção de tabus. Quando essas personalidades globais compartilham abertamente suas lutas, nós somos presenteados com uma perspectiva enriquecedora de como as pressões – presentes em todas as esferas da vida – podem impactar a saúde mental e o desempenho.

Admirável mundo louco traz à tona essa questão, aplicando-a ao nosso mundo cotidiano e seus variados matizes – cruzando classe social, gênero, orientação sexual e mais. Atualmente, com o Brasil liderando o ranking de ansiedade e depressão na

América Latina, uma epidemia de aflições da alma tem assolado a população.

Esta paixão pela conscientização é uma fonte de inspiração para o meu trabalho e, ao ser apresentado aos manuscritos de Renata e ao prefaciar este livro, imediatamente percebi uma profunda sintonia não apenas entre nossas obras, mas também em nosso propósito comum de proporcionar ferramentas e conhecimentos que podem reacender a força e o brilho nas pessoas.

Admirável mundo louco busca não somente facilitar a autodescoberta e o autocuidado entre os leitores, mas também encoraja a transmissão dessa consciência e ajuda mútua. Para a autora, não basta apenas se curar da depressão: é imperativo falar sobre ela!

Neste mundo que oscila entre o admirável e o insano, marcado por tecnologia, IA e processos que manifestam sintomas de DABA, exibir sua humanidade e vulnerabilidade é fundamental para quebrar padrões e construir esperança. Este livro é uma leitura essencial para aqueles que buscam uma perspectiva fresca sobre saúde mental e anseiam por uma existência mais equilibrada.

Convido você a mergulhar nestas páginas não apenas para descobrir um caminho rumo à plenitude em sua vida, mas também para tornar-se um agente de mudança, construindo um futuro mais saudável e leve para as gerações vindouras.

Uma leitura obrigatória para quem quer ter uma visão humanizada da saúde mental nas mais variadas áreas de nossas vidas. Eu indico este livro!

Seja a diferença e seja admirável nesse mundo!

Um grande abraço,

Roberto Shinyashiki
Médico, empresário e autor best-seller

Você já teve a sensação de que ia morrer? De que seu corpo estava com algum problema sério e que acabaria lhe causando o maior dos transtornos?

Era assim que eu me sentia naquele ano de 2009. Vivia uma fase que queria apagar da memória: meu casamento havia terminado de modo traumático; a Apsen enfrentava a maior crise financeira de sua história, e eu estava à frente, tentando resolver a situação enquanto o mundo buscava se recuperar do estouro da bolha imobiliária e da quebra dos bancos norte-americanos.

Se não bastasse isso, meu corpo dava sinais de que as coisas não iam bem. Tonturas, suor excessivo nas mãos e na cabeça, taquicardia constante... Tinha certeza de que meu coração não ia nada bem (a parte física mesmo, pois a ligada ao emocional estava destroçada – o que não era novidade para ninguém).

Marquei consulta com um cardiologista, que me pediu um check-up completo. Ao retornar, de posse dos exames, ele me olhou com seriedade e disse:

"Menina, você precisa de ajuda."

Meu coração disparou. Pensei que estava morrendo.

"Quero que você vá, agora mesmo, a um colega psiquiatra."

De imediato, ele passou a mão no telefone, ligou para o colega médico e perguntou se ele poderia me atender. Conseguiu um encaixe... e lá fui eu.

Depois de um longo exame e um questionário bastante extenso, o médico me deu o diagnóstico: síndrome do pânico, com a agravante de depressão pós-divórcio.

Pois é, achamos que esse tipo de coisa nunca vai acontecer conosco, não é mesmo? Mas acontece.

Aquele momento foi um divisor em minha vida. Entendi que eu precisava mudar, escutar mais o meu corpo, entender melhor a minha mente e me cuidar em plenitude.

Nos anos que se sucederam, eu me tratei, aprofundei muito minha jornada de autoconhecimento, passei a me conhecer melhor e a lidar de maneira mais assertiva com uma série de questões como insegurança e cobrança excessiva. E, pouco a pouco, fui colhendo os resultados dessa mudança em minha vida. Descobri aquilo de que mais gosto e o que mais importa para mim, passei a perseguir meus sonhos, alcançar inúmeras realizações.

Foram dez anos de aprendizados e conquistas. Busquei estudar formalmente, com MBA e especializações, e de maneira informal, com inúmeras mentorias. Tornei-me uma executiva de sucesso, transformei minha paixão pelo esporte em uma carreira como atleta profissional de fisiculturismo, escrevi livros, dei palestras em vários lugares do Brasil, contribuí para a Apsen dobrar de tamanho. Cada vez mais, abracei novos desafios e abri diversos ciclos de atuação.

As crises de pânico ficaram no passado! Ainda tive algumas crises de ansiedade no trabalho, mas aprendi a administrá-las. Afinal, uma dose de ansiedade é normal, o excesso é que é nocivo (mas vamos falar mais sobre isso ao longo do livro). Tinha total ciência das minhas questões mentais e emocionais e, se um dia ou outro eu me sentia um pouco mais nervosa ou cansada, tudo era fruto de uma vida corrida, mas que eu amava e da qual não queria abrir mão.

E, então, no início de 2020, veio a pandemia de Covid-19.

É claro que não fui a única a sentir medo e apreensão. Afinal, apesar de já ter havido outras pandemias na História, vivíamos uma situação inédita nas gerações mais recentes.

Por trabalhar na área da Saúde, minhas atribuições na Apsen se tornaram ainda maiores. Eu me sentava à frente do computador de manhã e só saía tarde da noite. Eram reuniões de protocolo para que as áreas essenciais da Apsen continuassem trabalhando, reunião com fornecedores da China e da Índia para garantir que os suprimentos essenciais chegassem e que nossas linhas de medicamento continuassem produzindo e atendendo às pessoas.

As horas de sono foram diminuindo. A academia, frequentada religiosamente havia vinte anos, transformou-se em alguns poucos exercícios na sala de casa... mas estava tudo bem!

22 | ADMIRÁVEL MUNDO LOUCO

Até que, durante uma reunião virtual para selar um negócio que se arrastava fazia meses, eu comecei a passar mal. Meu corpo gotejava tanto suor que pingava no teclado do computador e no mouse. Mandei um WhatsApp para meu marido, o Toledo, pedindo um copo de água. Nem bem terminei o primeiro e pedi outro. Ele percebeu que algo não estava bem.

Mãos suando, o coração cada vez batendo mais forte... Pedi licença e deixei a reunião. Deitei-me no chão do escritório e tive plena consciência: estava tendo de novo uma crise de pânico. Sim, dez anos depois, ela havia voltado.

A diferença era que eu já conhecia os sintomas e, ao contrário da primeira vez, não fiquei com medo de morrer – eu sabia o mal que me acometia.

Busquei ajuda novamente, tratei as crises, que continuaram ocorrendo, e permaneço em tratamento. Desacelerei, aprendi a priorizar as tarefas e a construir uma rede de apoio para que eu pudesse dar conta de tudo aquilo que me propus a fazer.

Continuo sendo a mesma pessoa inquieta, cheia de atividades, sonhos e desejos de realização. Contudo, estou aprendendo cada vez mais a ouvir meu corpo e entender as limitações da minha mente.

Essa minha jornada, associada a tudo o que vejo em termos de perspectivas em torno da saúde mental no Brasil e no mundo – o aumento assustador no índice de suicídio de jovens, a depressão nos idosos, as mulheres sobrecarregadas com as duplas e triplas jornadas –, me fez enxergar que escrever este livro era a minha nova missão.

Uma obra que pretende mostrar que é possível trabalhar na velocidade e com os desafios que os tempos modernos nos impõem, mas que, para isso, é preciso cuidar – e muito! – da mente. Sim, eu sei que ser 100% mentalmente são, em um mundo caótico e que nos obriga à reinvenção diária, pode não ser a mais fácil das alternativas, mas quem disse que existe alguém 100% normal?

No fundo, o que espero com este livro é trilharmos, juntos, um caminho que nos conduza a entendermos e aceitarmos nossas fraquezas para que possamos continuar sendo maravilhosamente insanos, loucos e ousados, mas sem verdadeiramente adoecer. É uma missão árdua? Sem dúvida. Mas amo desafios e sei que quem caminha comigo também ama... Então, preparado?

PRÓLOGO | **23**

INTRODUÇÃO

As doenças mentais estão em todos os lugares e à espreita de todas as pessoas. Não é algo sobre o qual simplesmente podemos dizer: "Isso não vai acontecer comigo!". Porque, sim, pode acontecer com você ou com qualquer outra pessoa do seu círculo de relacionamento.

Afinal, segundo levantamento da Organização Mundial da Saúde (OMS),[4] em 2019, quase um bilhão de pessoas vivia com um transtorno mental. Os transtornos mentais comuns incluem depressão, ansiedade, síndrome do pânico, transtornos alimentares, transtornos relacionados ao uso de substâncias, entre outros. Eles podem ser episódicos e raramente surgem "do nada" – por esse motivo, não devem ser tratados só de modo sintomático, ignorando a etiologia que levou aquela pessoa a apresentar um transtorno específico.

Os números da mais recente pesquisa Global Health Service Monitor,[5] feita pela empresa Ipsos em 34 países espalhados por todos os continentes, assustam. **Os transtornos mentais são uma das principais preocupações de saúde para quase metade dos brasileiros.** Em 2018, apenas 18% dos brasileiros

---

[4] OMS divulga Informe Mundial de Saúde Mental: transformar a saúde mental para todos. **Biblioteca Virtual em Saúde**, Ministério da Saúde, 18 jun. 2022. Disponível em: https://bvsms.saude.gov.br/oms-divulga-informe-mundial-de-saude-mental-transformar-a-saude-mental-para-todos/. Acesso em: 13 set. 2023.

[5] IPSOS Global Health Service Monitor 2022: A Global Advisor Survey. **Ipsos**, set. 2022. Disponível em: https://www.ipsos.com/sites/default/files/ct/news/documents/2022-09/Ipsos-global-health-service-monitor-2022-VDEF.pdf. Acesso em: 13 set. 2023.

INTRODUÇÃO | 25

diziam que tópicos como depressão e ansiedade eram fontes de inquietude. O número subiu para 27% em 2019, 40% em 2021 e 49% em 2022 – um salto de 2,7 vezes em um período de quatro anos. Apenas Suécia (63%), Chile (62%), Irlanda (58%), Portugal (55%), Espanha (51%) e Estados Unidos (51%) têm números superiores aos registrados por aqui.

De acordo com o Global Burden of Diseases,[6] um estudo global que estima o impacto de diferentes doenças, 3,3% da população brasileira apresenta transtornos depressivos. Ainda segundo esse trabalho, essas doenças estão entre os principais fatores que impactam a qualidade de vida e a saúde de um indivíduo.

Minha relação com esse tema se dá sob diferentes aspectos. Como vice-presidente de uma indústria farmacêutica, a Apsen, participo há mais de duas décadas de diversos estudos e tenho acesso a dados e análises sobre essa questão que o mundo todo enfrenta.

Acompanho os obstáculos, desde as dificuldades de realizar um diagnóstico preciso até o preconceito que ainda há em relação a essas doenças. Preconceito que, aliás, na minha opinião, está diretamente ligado a essa dificuldade de diagnóstico. Sim, porque, dentro da Psiquiatria, fazer um diagnóstico é um desafio gigante, pela ausência, por exemplo, de um exame de imagem que apresente algo concreto e preciso para definir um transtorno. Ninguém vai olhar para um exame de nível de insulina com alterações que indicam diabetes, por exemplo, e falar para a pessoa que ela está com "frescura" ou "falta de Deus". Os números estão ali, frios e claros.

As dificuldades de diagnóstico na Psiquiatria não se limitam à falta de exames. As doenças mentais têm muitas semelhanças entre si. Não há como precisar, por meio de um único sintoma, qual patologia está acometendo determinado paciente. São necessárias horas de consulta, a análise de *clusters* de sintomas,

---

6 BONADIMAN, C. S. C. *et al.* Depressive Disorders in Brazil: Results from The Global Burden of Disease Study 2017. **Population Health Metrics**, v. 18, n. S1, 2020. Disponível em: https://pophealthmetrics.biomedcentral.com/articles/10.1186/s12963-020-00204-5. Acesso em: 23 out. 2023.

enfim, um trabalho longo e extremamente individualizado. É algo tão complexo que pode levar até mesmo anos! Já ouvi de psiquiatras que um diagnóstico de bipolaridade, por exemplo, pode levar até dez anos.

Além disso, transtornos psiquiátricos quase sempre são estigmatizados. Por isso, muitas pessoas que os vivenciam escondem o que estão sentindo e só buscam tratamento – quando buscam – se a situação estourar, seja nela mesmo, seja nas pessoas que a rodeiam. Sim, todos os envolvidos acabam sofrendo junto com a pessoa doente; é por isso que todo o ecossistema precisa de cuidado!

Se, por um lado, como profissional ligada à área da Saúde, estou envolvida com esses estudos e os acompanho, por outro, como já compartilhei com você no prólogo, sou parte da estatística da OMS. Assim, com base nas minhas experiências pessoais e profissionais, espero, com este livro, contribuir para construirmos um ambiente de diálogo que nos ajude a encontrar caminhos que nos conduzam a uma vida mais saudável. Estamos juntos nessa! Vamos?

PARTE I

O MUNDO
ESTÁ INSANO

— O QUE AS PESSOAS ESTÃO SENTINDO?

> # Em Deus nós confiamos.
> # Todos os outros devem trazer dados.
>
> W. Edwards Demings[7]

As questões sobre a vida nos chegam a toda hora, a cada minuto. São inúmeras. Essas perguntas nos rodeiam e até nos paralisam, pois suas respostas vêm aos milhares e sequer nos dão tempo para perceber o que estamos sentindo de verdade.

O mundo está cansado. Há muita tristeza, angústia, ansiedade, medo, raiva, ódio, ressentimento, pânico, desconfiança, mas também alegria, amor, euforia, empatia – tudo junto e misturado. É muita informação: nas telas e fora delas. Muitas vezes apenas assistimos impassíveis aos acontecimentos e sentimentos, sem nada poder fazer com relação a esse excesso.

Este espaço que estamos criando aqui é seguro. É onde poderemos conversar sem reservas, de maneira embasada, mas com leveza. Buscaremos respostas, não deixando de perguntar, quando necessário – a nós mesmos, em primeiro lugar –, o porquê das coisas. Convido você à reflexão, a fim de que extraia o melhor de si.

E, no meio do caos do mundo de hoje, refletir é fundamental, não concorda?

Apenas quando aprendemos a tirar proveito do que estamos sentindo, vivemos de modo pleno. Sem abrir mão de nossas tarefas do dia a dia, precisamos pausar, respirar, ter conhecimento para rever, para entender o que nos acontece e o que se passa ao nosso entorno. Assim, agiremos com maior segurança sobre os nossos sentimentos.

Para isso, precisamos de referências. Entender que sentimentos bons e ruins podem advir de traumas antigos ou recentes, de má, de boa, de

---

7 DEMINGS, W. E. *In:* EXAME. **Confiar em dados é pouco. Você precisa entendê-los**. Disponível em: https://exame.com/colunistas/fast-forward/confiar-em-dados-e-pouco-voce-precisa-entende-los/. Acesso em: 23 out. 2023.

muita ou de pouca informação, de "n" interpretações, e do que mais nos aflige hoje: o excesso de tecnologia e o impacto disso em nossa vida.

Tudo o que sentimos reverbera amplamente em nossa saúde mental. Afinal, estamos expostos. O celular é a maior prova disso: ele é um canal de entrada e de saída dos nossos sentimentos. E, como é uma tecnologia necessária em nosso cotidiano, a qual usamos por diversas horas por dia, acabamos nos tornando reféns dos algoritmos. Essa conexão nem sempre é saudável.

Não tenho dúvidas de que essa situação contribui, e muito, para o quadro de estresse do mundo de hoje. Michael Daly, da Universidade de Maynooth, na Irlanda, juntamente com Lucía Macchia, da Universidade de Londres, no Reino Unido,[8] identificaram que aflição e estresse são tendências globais e podem estar ligados a uma piora na saúde mental dos indivíduos. Apesar da aparente obviedade contida no resultado desse estudo, é espantoso observar que, como estamos globalmente conectados, vivemos um aumento considerável da sensação de sofrimento. Estamos mais estressados, tristes e preocupados – esses sentimentos passaram de 25% para 31% em 2021 em todo o mundo.

Segundo essa mesma pesquisa, é possível que esse quadro tenha piorado após a pandemia de Covid-19, especialmente entre os mais jovens (apesar de, na última década, todas as categorias e grupos etários terem também sofrido piora). Na verdade, mesmo no período pré-pandêmico, a agravação desse cenário já ocorria em grupos de menor poder aquisitivo, em função da crise econômica global de 2008 (insegurança no trabalho, dívidas etc.).

UMA MULTIDÃO DE DEPRIMIDOS E ANSIOSOS NO BRASIL

Como alguém que já viveu na pele a depressão e a ansiedade, saber que, em um levantamento de 2017, o Brasil foi apontado com o maior índice de ansiosos do mundo – 18 milhões de pessoas – e como o

---

8 DALY, M.; MACCHIA, L. Global Trends in Emotional Distress. **Proc. Natl. Acad. Sci. U.S.A.**, v. 120, n. 14, 4 abr. 2023. Disponível em: https://www.ncbi.nlm.nih.gov/pmc/articles/PMC10083620/. Acesso em: 13 set. 2023.

terceiro maior em depressivos – 11 milhões – reforça meu propósito de escrever este livro e meu apelo para que, juntos, lutemos para mudar esse cenário. Depois da pandemia de Covid-19, esse número de ansiosos no país cresceu de 0,6% para 13,5% em 2022.

É triste constatar isso. Mais desalentador ainda é sabermos que a tristeza continua sendo a doença que mais provoca o suicídio no sul do Brasil,[9] reflexo de um país que adoece mentalmente, acumulando uma multidão de deprimidos e ansiosos e, infelizmente, de mortos.

O número de óbitos também dobrou entre os que provocam lesões em si mesmos (de 7 mil para 14 mil nos últimos vinte anos), superando o de mortes em acidentes de moto ou em decorrência do vírus HIV – uma tendência da América Latina (de acordo com a OMS), seguindo na contramão do mundo.[10]

Há diversas causas para esses números tão assustadores: a pobreza, a desigualdade, a violência, a falta de prevenção, o ambiente de trabalho, a má remuneração, a sobrecarga, a falta de equilíbrio entre a vida pessoal e a profissional.

Em seguida, falaremos de alguns desses pontos em detalhes.

ESTAMOS EXAUSTOS DE TRABALHAR

As insalubres condições de trabalho são uma realidade, tanto no campo quanto em centros urbanos, fazendo com que o debate sobre a exaustão nos postos de trabalho se torne recorrente.

Profissionais de várias áreas se queixam de falta de benefícios, salários bem abaixo da inflação, trabalho completamente presencial, não identificação com a cultura da empresa, questões de gênero e idade etc. Essas e outras queixas deram origem ao *quiet quitting*. Já ouviu falar? Trata-se da demissão silenciosa.

Segundo a EDC Group, uma consultoria multinacional brasileira, 11,9% dos profissionais brasileiros estão adotando essa prática, que consiste na realização apenas do necessário na função, sem abrir mão do bem-estar e da vida pessoal. Mais de trezentos profissionais, entre 25 e 34 anos, foram entrevistados e um terço deles diz que assumiu

---

9 *Ibidem.*

10 *Ibidem.*

ser *quiet quitter*.[11] Esse comportamento, porém, tem se ampliado para além dos jovens da geração Z.

Essa realidade acaba atingindo a todos. Os líderes de equipes e empresas que têm em seu quadro colaboradores que adotaram o *quiet quitting* acabam assumindo funções extras, independentemente da posição, incorporando uma sobrecarga maior ainda do que aqueles que a negaram. Assim, esses líderes, não tão jovens, também estão estafados e ansiosos.

Meu propósito de lutar por um ambiente corporativo saudável, base dos meus valores aprendidos com meus avós e absolutamente reforçado pelo convívio com meu pai como grande líder, fez-me escrever o livro *Sucesso é o resultado de times apaixonados* como ferramenta de transformação do mindset dos líderes em busca de um ambiente que realmente coloque o ser humano no centro, em que o cuidado é a palavra de ordem, deixando muito claro que isso dá resultados financeiros extraordinários.

ATENÇÃO AOS ALERTAS DA OMS

Em 2022, a OMS[12] divulgou um documento mundial revisado sobre saúde mental desde a virada do século, para governos, acadêmicos, profissionais de saúde, sociedade civil e todos os que têm o propósito de trabalhar na transformação da saúde mental no mundo. Alguns dados importantes desse relatório:

► Uma em cada 100 mortes é por suicídio e 58% desse total tem menos de 50 anos;
► Para as pessoas com transtornos mentais, de cada seis anos vividos, um ano é de incapacidade total;
► Pessoas com condições graves de saúde mental morrem em média dez a vinte anos mais cedo do que a população em geral, por doenças físicas evitáveis;

---

11 PIAI, B. 11,9% dos brasileiros são adeptos do *quiet quitting*, diz estudo. **RH para você**. Disponível em: https://rhpravoce.com.br/redacao/brasileiros-adeptos-quiet-quitting/. Acesso em: 23 out. 2023.

12 OMS divulga Informe Mundial de Saúde Mental: transformar a saúde mental para todos. **Biblioteca Virtual em Saúde**, Ministério da Saúde, 18 jun. 2022. Disponível em: https://bvsms.saude.gov.br/oms-divulga-informe-mundial-de-saude-mental-transformar-a-saude-mental-para-todos/. Acesso em: 13 set. 2023.

- Abuso sexual infantil ou por intimidação são importantes causas de depressão;
- Mesmo antes da pandemia de Covid-19, 71% das pessoas com psicose em todo o mundo já não acessavam serviços de saúde mental;
- 70% das pessoas com psicose são tratadas em países de alta renda, contra 12% em países de baixa renda;
- Apenas um terço das pessoas com depressão em todo o mundo recebe cuidados de saúde mental.

Nesse contexto, infelizmente os mais pobres e desfavorecidos correm maior risco de ter doenças mentais e são os que menos recebem cuidados de saúde adequados. Existem poucas pesquisas que investigam a conexão entre depressão e classe social, mas, em um estudo encomendado pela Associação Brasileira de Familiares, Amigos e Portadores de Transtornos Afetivos (Abrata) e conduzido pelo Ibope, em 2008, as classes C e D demonstraram ser mais suscetíveis à depressão. A pesquisa detectou sintomas depressivos em 25% das pessoas pertencentes a essas faixas sociais, em comparação com 15% nas classes A e B.[13]

Parece que essa mesma tendência a maior incidência da depressão em classes sociais mais baixas se repete com relação à raça. É o que confirma a tese de mestrado apresentada pela pesquisadora norte-americana Jenny Rose Smolen, na Universidade Estadual de Feira de Santana (BA), que reavaliou a relação entre raça e transtornos mentais no Brasil. Após analisar 14 pesquisas que abordam transtornos mentais, as descobertas de Smolen indicam que indivíduos não brancos têm maior predisposição a enfrentar problemas de saúde mental, como a depressão.[14]

---

13 MARQUES, T.; DI GIACOMO, F. O estigma enfrentado nas periferias pelas pessoas com depressão: "Pobre não pode se dar ao luxo de não sair da cama". **BBC News Brasil**, 15 jul. 2018. Disponível em: https://www.bbc.com/portuguese/geral-44400381. Acesso em: 18 set. 2023.

14 SMOLEN, J. R. **Raça/cor da pele, gênero e transtornos mentais comuns na perspectiva da interseccionalidade**. Dissertação (Mestrado em Saúde Coletiva) - Universidade Estadual de Feira de Santana, Bahia, 2016.

Essa questão pode estar associada a fatores bioquímicos. Os estudos mencionados anteriormente[15] apontam que, quando você se depara com uma situação de perigo, o nível de cortisol em seu corpo aumenta. No entanto, nosso organismo está naturalmente programado para que esse aumento ocorra durante um período breve, de aproximadamente cinco a dez minutos. Esse é o tempo necessário para que você entre em um estado de alerta e reaja ao perigo iminente. Contudo, em um contexto de preconceito e violência social, as pessoas vivenciam frequentemente e de forma contínua esse estado de alerta. Elas não têm certeza, por exemplo, se serão bem recebidas, se enfrentarão violência policial ou se estarão seguras em suas comunidades. Com o tempo, essa situação de permanente vigilância gera um esgotamento físico e mental significativo.

Além disso, existem indícios de que a população negra enfrenta maiores restrições no acesso aos cuidados médicos e aos planos de saúde privados, levando a maioria a depender do sistema de saúde público. A Pesquisa Nacional de Saúde (PNS), de 2015, abrangendo tanto o setor público quanto o privado, mostrou que 74,8% dos indivíduos brancos haviam consultado um médico nos últimos 12 meses, em comparação com 69,5% dos pretos e 67,8% dos pardos. Apenas 21,6% dos pretos e 18,7% dos pardos possuíam plano de saúde, em contrapartida aos 37,9% dos brancos.

Na verdade, há, ainda, uma carência de pesquisas sobre os fatores sociais que afetam a saúde mental das pessoas que residem em comunidades extremamente vulneráveis e carentes. Compreender os fatores sociais e econômicos relacionados à saúde mental é de suma importância, pois esses conhecimentos podem e devem ser incorporados na formulação de políticas de saúde pública mais eficazes. Esse esforço pode contribuir significativamente para a melhoria da saúde mental das populações. É preciso também assegurar uma distribuição justa e equitativa dos recursos disponíveis, assegurando um acesso igualitário aos cuidados, para garantir, sobretudo, a proteção dos direitos das pessoas que sofrem de transtornos mentais

---

15 *Ibidem.*

graves, independentemente de estarem em situação de vulnerabilidade social ou não. A saúde é uma só, e todos os seres humanos merecem igual consideração e cuidado.[16]

REMODELAR AMBIENTES E FORTALECER SISTEMAS DE SAÚDE

Diante desse quadro, a OMS está convocando o mundo a trabalhar na remodelação dos ambientes que influenciam a saúde mental, assim como no fortalecimento dos sistemas que cuidam da saúde mental. Sobre o tema, o diretor-geral da organização, Tedros Adhanom Ghebreyesus, afirmou:

> Os vínculos indissolúveis entre saúde mental e saúde pública, direitos humanos e desenvolvimento socioeconômico significam que a transformação de políticas e práticas em saúde mental pode trazer benefícios reais e substantivos para pessoas, comunidades e países em todos os lugares. O investimento em saúde mental é um investimento em uma vida e um futuro melhores para todos.[17]

O Brasil é um dos 194 Estados-membros da OMS que assinaram o Plano de Ação Integral de Saúde Mental 2013-2030. Portanto, estamos mais do que comprometidos com as metas globais de transformação da saúde mental. Nesse sentido, nós, da Apsen, estamos alinhados e comprometidos com o que pensa Dévora Kestel,

---

16 SILVA, D. S.; JESUS, S. S. de; PINTO, R. M. F. Saúde mental e vulnerabilidade social em tempos de pandemia. **Unisanta Law and Social Science**, v. 10, n. 2, 2021. Disponível em: https://periodicos.unisanta.br/index.php/lss/article/view/2958/2142. Acesso em: 18 set. 2023.

17 OMS destaca necessidade urgente de transformar saúde mental e atenção. **OPAS (Organização Pan-Americana de Saúde)**, 17 jun. 2022. Disponível em: https://www.paho.org/pt/noticias/17-6-2022-oms-destaca-necessidade-urgente-transformar-saude-mental-e-atencao. Acesso em: 13 set. 2023.

diretora do departamento de Saúde Mental e Uso de Substâncias da OMS, sobre o papel dos governos nessa questão:

> Todo país tem ampla oportunidade de fazer progressos significativos em direção a uma melhor saúde mental para sua população. Seja formulando políticas e leis sobre saúde mental mais sólidas, ou introduzindo a saúde mental nos seguros médicos, fomentando e fortalecendo os serviços comunitários de saúde mental ou integrando a saúde mental à atenção geral à saúde, escolas e penitenciárias.[18]

ENTENDENDO AS TENDÊNCIAS EM SAÚDE MENTAL NAS EMPRESAS

Segundo o dr. Diogo Lara,[19] psiquiatra, neurocientista, ex-professor titular da PUC-RS, pesquisador com 160 artigos e quatro livros publicados, e cofundador do Cíngulo Blended Care, cerca de 30% dos colaboradores de qualquer empresa têm algum problema de saúde mental, mas somente 5% a 8% fazem algum tipo de tratamento.

Sônia Lesse, especialista em Diversidade e Inclusão e diretora de Experiências na Profissas, afirma: "Frases como 'trabalhe enquanto os outros dormem' ou 'ele chegou nesta posição na companhia pois se dedicou 200%' fazem parte do cotidiano de muitas empresas, que criam uma relação tóxica entre lideranças e colaboradores".[20]

---

18 *Ibidem*.

19 TENDÊNCIAS em saúde mental para 2023. **Cíngulo**, 4 jan. 2023. Disponível em: https://www.cingulo.com/blog/tendencias-em-saude-mental-para-2023/. Acesso em: 23 out. 2023.

20 LESSE, S. "Pretos no topo"? A falta de representatividade nos cargos de liderança. **Resultados Digitais**. Disponível em: https://resultadosdigitais.com.br/noticias/pretos-no-topo-representatividade-lideranca/. Acesso em: 23 out. 2023.

As empresas precisam tratar com seriedade o tema, desenvolvendo ações estruturadas de acolhimento para todas as pessoas. "O ambiente de trabalho deve ser seguro para o desenvolvimento da carreira dos colaboradores, e não ser o causador do problema que muitos profissionais têm quando não recebem o apoio necessário para performar bem no trabalho e também em outras áreas da vida", disse a especialista.

Ainda segundo Sônia, diversidade e inclusão são maneiras de ajudar a saúde mental das pessoas:

> As organizações precisam frear esse comportamento de achar que o trabalho exaustivo é sinônimo de dedicação, o trabalho estratégico é sinônimo de sucesso, na minha opinião. É imprescindível olhar para cada pessoa como única, abrindo espaço para ela ser quem é com segurança, mas que tenha acesso a recursos para identificar suas vulnerabilidades e conseguir ajuda quando precisar. [...] E, por favor, parem de dizer para as pessoas que elas têm síndrome do impostor! Você se sentir uma impostora ou impostor não é uma síndrome: isso é resultado dos diferentes mecanismos de exclusão e violências sociais dos quais enfrentamos todos os dias, como o racismo, o machismo, a LGBTfobia, o capacitismo, entre outras violências que machucam e impactam o dia a dia de muitas pessoas.

É crucial que a pauta diversidade e inclusão seja incorporada à agenda das organizações. Eu luto há vinte anos, desde o início da minha carreira, por essa causa. Ela auxilia a área de gestão de pessoas e as lideranças a compreenderem o impacto das microagressões, dos vieses inconscientes e de outras formas de violência e restrições na saúde mental e na segurança psicológica no trabalho. O objetivo é direcionar estratégias, processos e recursos para promover o pleno desenvolvimento dos indivíduos no ambiente profissional. Para isso, as organizações devem estabelecer uma cultura que promova a saúde mental, garantindo que sua equipe receba apoio e recursos para contribuir com o valor do negócio.

O primeiro passo é abrir diálogo sobre o tema. Infelizmente, saúde mental ainda é um assunto tabu em nossa sociedade. Precisamos quebrar esse preconceito e criar um ambiente seguro e acessível para as pessoas receberem ajuda. Quando um indivíduo não expressa seus sentimentos ou esconde informações sobre si mesmo por medo de julgamento, isso sempre será um obstáculo para impulsionar sua carreira.

Sônia manda um recado fundamental a todos que exercem cargos de decisão e têm o poder de realizar uma transformação nesse quadro:

> Se você é uma liderança, pode estar se perguntando: por onde começar? Reconhecer que é preciso mudar é o primeiro passo. Depois, conte com a ajuda de profissionais especializados. Eles serão essenciais para iniciar sua jornada no tema de saúde mental, diversidade e inclusão, trazendo à tona as principais dores do negócio e como é possível resolvê-las.

Líder, invista em sua educação e mantenha-se atualizado. Este é um tema que ganhou um capítulo inteiro dedicado em meu livro *Sucesso é o resultado de times apaixonados*, tamanha a sua importância. Promova a conscientização da equipe por meio de recursos educacionais, como cartilhas, palestras e pesquisas, com o objetivo de apoiar, informar e compreender a realidade das pessoas. Inclua o bem-estar mental e emocional nos programas de saúde da empresa. Considere a possibilidade de implementar flexibilidade na jornada de trabalho. Eu sou adepta dessa ideia e afirmo que na Apsen deu muito certo. E eu pessoalmente sou muito mais feliz com a possibilidade de trabalhar de onde eu quiser. Reorganize os fluxos, avalie se a comunicação na empresa é assertiva e inclusiva e, se necessário, implemente canais que ofereçam suporte e acolhimento confidenciais. Na Apsen, temos um canal de denúncia totalmente isento, um comitê de compliance para analisar, deliberar e criar plano de ação sobre as denúncias, um canal de acolhimento que funciona 24 horas por dia para que os colaboradores possam tirar dúvidas sobre finanças, questões jurídicas, psicológicas ou sociais com profissionais qualificados. Esse canal, além de ser isento, não permite acesso a nenhuma informação além da quantidade de horas utilizadas, para que o colaborador possa usá-lo com segurança psicológica e sem preocupação com julgamentos ou vazamento de informação.

É importante lembrar: a vida pessoal dos colaboradores não diz respeito a terceiros! Tenha cuidado ao criar espaços ou momentos que forcem as pessoas a compartilharem seus problemas e dificuldades. Essa demanda deve ser tratada por profissionais qualificados, em um ambiente seguro e confidencial.

Os exemplos mencionados são apenas algumas possibilidades. Existem, no entanto, inúmeros caminhos para uma empresa que deseja cuidar da saúde mental do seu time. O importante é que o interesse seja genuíno e que empresas, líderes e todos os envolvidos compreendam que tratar de saúde mental é responsabilidade de todos.

No próximo capítulo, vamos nos aprofundar em como as mudanças no mundo têm afetado as pessoas, ampliando a visão sobre como a felicidade e a infelicidade aparecem em nossa vida pessoal e profissional. Vamos nos concentrar no presente, pois, sendo melhores no aqui e agora, o futuro nos reservará muitos bons motivos para celebrar a vida com alegria e saúde. Sigamos!

2— UM MUNDO DE PRAZERES IMEDIATOS... E INFELICIDADES DURADOURAS

> Para o prazer e para ser feliz, é que é
> preciso a gente saber tudo, formar alma, na
> consciência; para penar, não se carece.

Guimarães Rosa[21]

O mestre Guimarães Rosa nos ensina muito, com sua literatura, a compreender quem somos e o que queremos. Apenas quando buscamos refletir sobre essas questões, podemos tomar decisões de modo mais consciente, principalmente com relação ao que nos é prazeroso.

Aliás, você já parou para pensar sobre o que lhe dá prazer? Sabe o que desperta em você essa sensação? Ou está no piloto automático e nem percebeu?

Muitas vezes, pensamos que sabemos as respostas para essas perguntas, mas, na verdade, estamos usando a régua do outro para medir a nossa satisfação ou insatisfação. Queremos ter o corpo, o cabelo e o rosto do outro, queremos comer o que o outro come, ter a rotina do outro, ter a vida do outro. Adotamos esses padrões sem sequer considerar se são bons ou não para a nossa felicidade. E, então, às vezes, a realidade vem à tona e descobrimos, a duras penas, que não era bem isso o que procurávamos.

Os prazeres imediatos são os que despertam maior fascínio em nós. São aqueles que proporcionam uma sensação rápida, uma gratificação instantânea, mas, ao mesmo tempo, diminuem a nossa capacidade de tolerar a frustração e lidar com situações indesejáveis.

O fato é que precisamos saber lidar com emoções negativas, para não deixarmos a ansiedade e a depressão nos invadir. Precisamos construir objetivos de longo prazo, para não entrarmos em círculos viciosos de euforia ou alívio temporário, por meio do uso de drogas, de consumo de alimentos não saudáveis ou práticas compulsivas que prejudicam a nossa saúde mental e a qualidade de vida.

---

21 ROSA, G. In: **Grande sertão: Veredas.** Rio de Janeiro: Nova Fronteira, 1988.

A DOPAMINA E OS TIPOS DE VÍCIOS

Quando experimentamos um prazer imediato e recompensador, o cérebro libera uma substância natural chamada dopamina. É ali, no chamado núcleo *accumbens*, que essa substância cria sensações de prazer e motivação, o que faz com que desejemos mais daquela recompensa. Entretanto, é ali também que mora o perigo: é tão bom sentir prazer que podemos acabar nos viciando nessa sensação de bem-estar, acarretado, assim, problemas comportamentais.[22]

A dopamina, identificada em 1957 no cérebro humano como um neurotransmissor, não é a única responsável pela gratificação que sentimos, mas é a propulsora. A sua ação no cérebro, especialmente em regiões relacionadas ao prazer e ao sistema de recompensa, promove sensação de bem-estar. Em circunstâncias normais, a sinalização de dopamina no córtex pré-frontal ocorre de maneira estável e moderada. Contudo, diante de algumas situações inesperadas ou uso de determinadas substâncias, ocorre um aumento transitório e intenso da poderosa substância. Para ter uma ideia de seu poder: quanto mais rápida determinada ação libera dopamina no nosso cérebro, mais "viciante" ela é.

Isso explica o potencial de algumas substâncias e situações. O sexo, por exemplo, aumenta em 100% a liberação de dopamina; a nicotina, 150%; a cocaína, 225%; o chocolate, 55%.[23] Aliás, a compulsão alimentar é um problema sério também, como vamos ver mais adiante no livro. A ingestão excessiva de alimentos pode causar obesidade, diabetes, doenças cardiovasculares, hipertensão etc. E nós, mulheres, somos as que mais sofremos com relação a isso. É que os transtornos alimentares são mais comuns em mulheres, muitas vezes pela cobrança estética exercida pela mídia, principalmente, e pelas redes.[24]

---

22 SUZUKI, S. Dopamina: por que busca desenfreada por estímulos pode tirar satisfação da vida. **BBC News Brasil**, 9 maio 2022. Disponível em: https://www.bbc.com/portuguese/internacional-61303597. Acesso em: 13 set. 2023.

23 *Ibidem*.

24 TRANSTORNOS alimentares atingem mais mulheres do que homens. **G1**, 18 nov. 2019. Disponível em: https://g1.globo.com/bemestar/noticia/2019/11/18/transtornos-alimentares-atingem-mais-mulheres-do-que-homens.ghtml. Acesso em: 13 set. 2023.

A compulsão alimentar não é a única, é claro. Há algumas compulsões pouco conhecidas, como o vício em ler romances, visitar velórios, mastigar gelo e até mesmo comer sacolas plásticas.[25] E também as mais conhecidas, como o vício em bebidas alcoólicas, cigarros e jogos de azar.[26] Aliás, a dependência com relação a jogos de azar nos fornece um dado importante: a liberação de dopamina resultante dessa compulsão está ligada à imprevisibilidade da entrega de recompensa final (o dinheiro). Ou seja: o ganho financeiro não é o mais importante, mas, sim, o caminho da recompensa. É claro que essa conclusão vai além dos jogos de azar.

Há ainda o vício, bem mais conhecido ultimamente, em estar conectado à internet. Estamos todos conectados, somos todos reféns da tecnologia. E, nesse caso, não se trata somente da dopamina que é liberada quando estamos sendo estimulados por notificações nos celulares, uso das redes sociais, jogos de vídeo, compras on-line, mas também da conexão social, da necessidade de sermos aceitos ou, simplesmente, do tédio e da solidão, que são fatores individuais, coletivos ou ambientais que, somados à dopamina, podem causar problemas sérios de saúde, mental ou física.[27]

Quando fiz uma viagem ao Vale do Silício, deparei-me com o livro *Nação dopamina*, da dra. Anna Lembke.[28] O título me chamou a atenção imediatamente e aprendi muito com os alertas sobre o que essa superestimulação do cérebro pode causar – depressão, ansiedade, insônia e vários outros problemas de

---

[25] 7 VÍCIOS inusitados sobre os quais você precisa saber. **Galileu**, 24 mar. 2016. Disponível em: https://revistagalileu.globo.com/Sociedade/noticia/2016/03/7-vicios-inusitados-sobre-os-quais-voce-precisa-saber.html. Acesso em: 13 set. 2023.

[26] OS 7 tipos de vícios mais comuns. **BenCorp**. Disponível em: https://bencorp.com.br/os-7-tipos-de-vicios-mais-comuns/. Acesso em: 13 set. 2023.

[27] COMO redes sociais hackeiam sua mente. **Revista Arco**, UFSM, 28 jan. 2021. Disponível em: https://www.ufsm.br/midias/arco/como-redes-sociais-hackeiam-sua-mente. Acesso em: 13 set. 2023.

[28] LEMBKE, A. **Nação dopamina**: por que o excesso de prazer está nos deixando infelizes e o que podemos fazer para mudar. São Paulo: Vestígio, 2022.

saúde mental. Esse livro também nos oferece alguns caminhos para cultivarmos uma vida mais saudável. Vamos falar sobre esses caminhos mais tarde.

A tecnologia está presente em todos os ambientes. O workaholic, por exemplo, ganhou mais um "aliado": o celular – e aqui preciso ser muito sincera com você e confessar que este é um dos meus pontos fracos. Como tenho consciência do quanto posso me perder na paixão pelo trabalho e na falta de limites em relação a ele, sempre trato esse tema com muito cuidado na terapia. O workaholic, além de trabalhar muito, não se distancia do que pensa que é lazer: as redes sociais. Uma compulsão dobrada, a dopamina sendo estimulada por dois fatores diferentes, mas intrínsecos. Essa distração das redes pode prejudicar o rendimento profissional e a qualidade da entrega, ocasionar cansaço físico e mental, além de gerar inúmeras doenças.

Uma delas é a FOMO, *fear of missing out*, ou, em português, "o medo de estar perdendo algo". Um estudo recente sobre o tema revela, por meio de dados coletados entre 243 profissionais norte-americanos, inúmeras consequências negativas sobre o uso das redes sociais no trabalho.[29] E são taxativos na conclusão: embora as redes sociais possam criar um senso de comunidade para o usuário, o uso excessivo delas está colaborando para o desenvolvimento de depressão e outros distúrbios de saúde mental.

Bem, há muitas nuances sobre conectividade e redes sociais. O tema é de suma importância e eu adoro, então separei um capítulo (o próximo) só para falar dele. Vamos lá?

---

29 TANDON, A. *et al.* Social Media Induced Fear of Missing Out (FoMO) and Phubbing: Behavioural, Relational and Psychological Outcomes. **Technological Forecasting and Social Change**, v. 174, n. 121149, p. 121149, 2022.

Você já parou
para pensar sobre
o que lhe DÁ PRAZER?
Sabe o que desperta
em você essa SENSAÇÃO?
Ou está no
PILOTO AUTOMÁTICO e
nem percebeu?

@respallicci

3— AS REDES SOCIAIS E AS TELAS ESTÃO DEIXANDO VOCÊ DOENTE?

Os artigos de luxo do século XXI são o tempo, o silêncio e a privacidade.

Martha Gabriel[30]

Quantas vezes não sentimos que os dias estão passando rápido demais e que, cada vez mais, fica difícil administrar o nosso tempo? Afinal, além da vida real, temos outra virtual para nutrir, cuidar e, em muitos casos, nos "perder". Não vivemos mais sem as mídias sociais e um enorme aparato de aplicativos.

O mundo virtual trouxe inúmeras vantagens, sem dúvidas, e hoje faz parte da nossa maneira de nos relacionarmos com pessoas e até com marcas. No entanto, precisamos repensar no modo como utilizamos essas tecnologias, tomar consciência de que elas também podem nos causar vários males. Essa sede por conexão tem gerado problemas de toda ordem e para todas as idades.

Vamos começar com os adultos. As telas hoje ocupam grande parte de nosso dia, quase 60% do tempo em que permanecemos acordados.[31] Nos últimos anos, em razão do isolamento social imposto pela pandemia de Covid-19, esse percentual teve um acréscimo exponencial.[32] Segundo uma pesquisa de agosto de 2021, encomendada pela

---

30 GABRIEL, M. **Luxo do século XXI:** Privacidade, tempo e silêncio. Disponível em: https://www.martha.com.br/luxo-do-seculo-xxi-privacidade-tempo-e-silencio/. Acesso em: 23 out. 2023.

31 NAZAR, S. Brasileiros passam em média 56% do dia em frente às telas de smartphones e computadores. **Jornal da USP**, 29 jun. 2023. Disponível em: https://jornal.usp.br/atualidades/brasileiros-passam-em-media-56-do-dia-em-frente-as-telas-de-smartfones-computadores/. Acesso em: 13 set. 2023.

32 USO do aparelho celular aumentou na pandemia. **ABC do ABC**, 14 set. 2021. Disponível em: https://abcdoabc.com.br/uso-do-aparelho-celular-aumentou-na-pandemia/. Acesso em: 14 set. 2023.

Digital Turbine, uma plataforma de mídia *on-device* de aplicativos pré-instalados em smartphones, 40% dos brasileiros aumentaram o uso de seus smartphones durante o pico da pandemia.[33] A mesma pesquisa aponta que 20% dos brasileiros não ficam mais de 30 minutos longe do celular e 19% conseguem no máximo 1 hora longe do celular. Não é difícil confirmarmos isso: levamos o celular para todos os lugares, o aparelho é quase uma extensão do nosso corpo! Agindo assim, muitas vezes deixamos de curtir o momento em que estamos para vê-lo por meio das telas. Já reparou no número de celulares apontados para o palco durante um show ou evento?

Dados de uma pesquisa[34] divulgada pelas empresas We Are Social e Meltwater apontam que a média global de exposição à internet é de 6 horas e 37 minutos. E nós, brasileiros, estamos bem acima da média global: em segundo lugar quanto ao tempo dedicado à internet, com a impressionante marca de 9 horas e 32 minutos. Ou seja, 22% do tempo em que estamos acordados é dedicado às redes sociais – apenas seis minutos a menos do que a líder nesse ranking, a África do Sul.

Em outra pesquisa,[35] dessa vez realizada para a *Você S/A*, a Fiter, uma startup que mede o índice de felicidade nas empresas, revelou que 77% dos entrevistados afirmaram passar a maior parte do seu dia em frente à tela, no trabalho. É claro que essa realidade acarreta inúmeras consequências negativas. Uma delas é o burnout digital: um conjunto de sintomas – insônia,

---

33 PESQUISA revela que 20% dos brasileiros não ficam mais de 30 minutos longe do celular. **GQ Globo**, 17 set. 2021. Disponível em: https://gq.globo.com/Noticias/ Tecnologia/noticia/2021/09/pesquisa-revela-que-20-dos-brasileiros-nao-ficam-mais-de-30-minutos-longe-do-celular.html. Acesso em: 18 out 2023.

34 MIGLIANI, R. Digital 2023: os mais recentes insights sobre o 'Mundo do Digital'. **Amper,** 28 jun. 2023. Disponível em: https://www.amper.ag/post/we-are-social-e-hootsuite-digital-2023-visao-geral-global-resumo-e-relatorio-completo Acesso em: 14 set. 2023.

35 NÓR, B. Burnout digital: novo fenômeno leva empresas a incentivar a desconexão. **Você RH,** 25 abr. 2023. Disponível em: https://vocerh.abril.com.br/ saude-mental/burnout-digital-novo-fenomeno-leva-empresas-a-incentivar-a-desconexao. Acesso em: 14 set. 2023.

irritabilidade, sobrecarga mental, dificuldade de concentração e automotivação – que tem gerado esgotamento. Outra causa para a não desconexão do trabalho é o aumento da cultura de trabalho *always on*. Segundo um estudo feito pela Fishbowl,[36] uma plataforma social voltada ao mundo corporativo, muitos profissionais têm medo de se prejudicar na carreira ao tirar folga, além de sentirem necessidade de continuar checando e-mails para não se sobrecarregar na volta das férias.

Repito: nós, gestores, não podemos ficar alheios ao esgotamento digital de nossos colaboradores! Precisamos ser exemplo e implantar medidas concretas de saúde e bem-estar em nossas empresas.

O MITO DO PROFISSIONAL MULTITAREFA

Já faz um bom tempo que estabeleci alguns limites visando ao meu bem-estar mental e à melhora da minha produtividade. Quando vou para uma reunião importante, por exemplo, desligo o celular. Quando preciso me concentrar, eu me fecho em meu escritório e não falo com ninguém. Tomo várias atitudes para que possa ter foco no momento presente e me dedicar integralmente ao que estou fazendo. E sabe por quê? Porque, por mais que queiramos acreditar, nós não somos multitarefas.

Ser multitarefa é um mito. O ser humano não pode realizar duas tarefas que exigem uma função cerebral de alto nível ao mesmo tempo. O que realmente acontece quando você acha que está sendo multitarefa é que está alternando rapidamente entre as tarefas, que, na verdade, estão sendo executadas uma de cada vez – é isso o que entende o seu cérebro.

O córtex cerebral lida com os "controles executivos" do cérebro, aqueles que organizam o processamento das tarefas do cérebro. Esses controles são divididos em duas etapas. A primeira é o deslocamento de metas: a mudança de objetivo acontece quando você muda seu foco de uma tarefa para outra.

---

[36] BURNOUT digital. **Vocacionados**, 27 jul. 2023. Disponível em: https://vocacionados121636031.wordpress.com/page/3/. Acesso em: 14 set. 2023.

A segunda é a ativação da regra, que desativa as regras (como o cérebro completa determinada tarefa) para a tarefa anterior e liga as regras para a nova tarefa.

Então, quando você acha que está dando conta de mil coisas ao mesmo tempo, está na verdade apenas mudando seus objetivos e transformando as regras em uma rápida sucessão. Os interruptores são rápidos (décimos de segundo) para que você não os note, mas, quanto mais fazemos muitas coisas ao mesmo tempo, mais esses atrasos começam a ser notados e a perda de foco começa a ficar evidente.[37]

David Meyer, cientista cognitivo da Universidade de Michigan – onde atua como diretor do Laboratório de Cérebro, Cognição e Ação –, é um dos principais especialistas dos Estados Unidos em multitarefa. E sobre o tema ele explica o seguinte: "Quando você executa várias tarefas que exigem alguns dos mesmos canais de processamento, surgirão conflitos entre as tarefas e você terá que escolher qual tarefa você vai focar e dedicar um canal de processamento para isso".[38]

Meyer há várias décadas estuda como o cérebro processa a informação e lida com a multitarefa. O seu trabalho ajudou a demonstrar que a capacidade do cérebro de processar a informação é limitada de várias maneiras – desde o processamento de canais até limites de volume de dados, velocidade e memória – que confundem ações de tarefas verdadeiras e simultâneas.

Quando você está ao telefone, por exemplo, e escrevendo um e-mail ao mesmo tempo, está de fato alternando entre eles, uma vez que existe apenas um canal mental e neural através do qual o idioma flui. "Se você tem uma tarefa complicada, ela requer toda a sua atenção, senão, não vai funcionar", diz ele.[39]

---

[37] SPALLICCI, R. Não se engane! Não somos multitarefas. **Blog Renata Spallicci**, 5 dez. 2017. Disponível em: https://www.renataspallicci.com.br/produtividade/multitarefa/. Acesso em: 14 set. 2023.

[38] CHOW, D. **Why Humans Are Bad at Multitasking**, 13 jun. 2013. Disponível em: https://www.livescience.com/37420-multitasking-brain-psychology.html. Acesso em: 23 out 2023.

[39] *Ibidem.*

Toda essa necessidade de conexão, associada à pressão de fazermos mil coisas ao mesmo tempo, e a comparação que nos geram as mídias sociais são grandes inimigos das nossas mentes e do nosso tempo! Cuidado!

Mas, então, como é possível enfrentar todas essas responsabilidades e demandas que o mundo atual nos impõe, quando até mesmo tentar realizar múltiplas tarefas simultaneamente não surte efeito? Eu diria que a solução pode ser resumida em uma única palavra: planejamento. Sim, ao manter uma organização eficiente e gerenciar seu tempo e obrigações de maneira cuidadosa, você será capaz de lidar com todas essas demandas, priorizando uma tarefa de cada vez.

Tenho convicção de que, inicialmente, enfrentar essa mudança será desafiador, pois qualquer alteração de hábito exige dedicação e esforço. No entanto, à medida que você começa a se concentrar mais em uma única tarefa por vez, experimentará resultados notáveis. Falo isso com conhecimento de causa. Além disso, seu corpo e, principalmente, sua mente agradecerão não apenas agora, mas também no futuro!

O MITO DA VIDA PERFEITA E COMPLETAMENTE FELIZ

O psiquiatra Arthur Guerra (juntamente com o publicitário Nizan Guanaes) escreveu sobre esse assunto no livro *Você aguenta ser feliz?*:

> O desejo de ter uma vida "perfeita", em muito motivado pelo fenômeno das redes sociais e pela exibição de um cotidiano que parece feito só de conquistas, sorrisos, viagens e corpos bonitos, exerce uma pressão enorme sobre a saúde mental das pessoas hoje. Primeiro, porque gera comparação, e consequentemente, frustração em quem está no "mundo real" enfrentando dificuldades e com problemas para resolver, como é comum na vida.[40]

---

40 GUERRA, A.; GUANAES, N. **Você aguenta ser feliz?** Como cuidar da saúde mental e física para ter qualidade de vida. Rio de Janeiro: Sextante, 2022.

Além disso, ceder à pressão de parecer perfeito o tempo todo cria um ciclo enganador de ocultar verdadeiras emoções e representar uma fachada. Isso nos desconecta de nós mesmos e vai, pouco a pouco, minando o nosso bem-estar e nos deixando vulneráveis à ansiedade e à depressão. Com imagens de corpos e rostos perfeitos, as redes sociais nos cercam de padrões de beleza e simetria corporal irreais, tendo assim relação direta com a insatisfação corporal, principalmente entre meninas e mulheres, predispondo-as a compulsão e transtornos alimentares, como anorexia e bulimia.

É pressão para todos os lados, eu sei. E, quando estamos no olho do furacão, é difícil nos distanciarmos para identificar nossos sentimentos, analisar o que não está indo bem e pensar: *Opa! O que está acontecendo aqui?* Eu já errei muito e aprendi algumas coisas que vou compartilhar com você. A seguir, elenquei dez sinais que devem acender a sua luzinha vermelha de perigo. Fique alerta!

10 SINAIS DE ALERTA

Efeitos do excesso de exposição a telas na saúde e no bem-estar:

1. Diminuição da concentração, do foco e da motivação;
2. Cansaço visual causado por superestimulação da retina;
3. Redução dos níveis de intimidade entre casais;
4. Fadiga, insônia e demora para dormir, desencadeadas pelo efeito da luz azul das telas, que prejudica a produção de hormônios do sono;
5. Alterações de visão e dores de cabeça;
6. Isolamento e sensação de solidão;
7. Privação de contato físico;
8. Diminuição da criatividade;
9. Aumento do estresse causado pelo hiperfoco em conteúdo estressante como notícias sobre conflitos políticos e problemas sociais;
10. Prejuízos na saúde mental e aumento da percepção de sobrecarga e pressão de tempo, gerando ceticismo e senso de ineficiência.

As redes sociais não estão apenas adoecendo os adultos. Os jovens também são vítimas do excesso de uso da web e das telas.

O CYBERBULLYING NAS REDES É CRUEL

E os maiores afetados são as crianças e os adolescentes. Segundo uma pesquisa sobre violência contra as crianças divulgada pelo Unicef,[41] um em cada três jovens em 30 países disse já ter sido vítima de bullying on-line, e um em cada cinco relata ter deixado a escola em razão de cyberbullying e violência. São milhares de jovens sendo vítimas de comportamentos repetidos, com o intuito de assustar, enfurecer ou envergonhar.

De acordo com a Pesquisa Nacional de Saúde do Escolar (PeNSE) de 2019,[42] divulgada pelo Instituto Brasileiro de Geografia e Estatística (IBGE), de 188 mil estudantes entre 13 e 17 anos, em quase 4.500 escolas e em mais de 1.200 municípios do país, aproximadamente um em cada dez adolescentes (13,2%) já se sentiu ameaçado, ofendido e humilhado em redes sociais ou aplicativos. Com as meninas, esse percentual cresce para 16,2%, e entre meninos chega a 10,2%.

É bem provável que esses números tenham aumentado durante a pandemia de Covid-19, em virtude do isolamento social, que nos fez usar de modo ainda mais intenso as redes.

Você sabia que há vários tipos de cyberbullying? Alguns são muito sutis, mas podem causar um estrago enorme no emocional do jovem. Posso afirmar isso como uma jovem que sofreu bastante – não com cyberbullying, pois na época éramos mais analógicos – com bullying na escola.

É importante ficar de olho nas nomenclaturas a seguir, para que, ao menor sinal, possamos ajudar as nossas crianças.

- ▶ *Flaming* (ofensas e ataques pessoais).
- ▶ *Outing* (falar da orientação sexual de alguém sem consentimento prévio).
- ▶ *Trolling* (incentivar o conflito por meio de mensagens antagônicas).

---

41 PESQUISA do Unicef: mais de um terço dos jovens em 30 países relatam ser vítimas de bullying online. **Unicef Brasil**, 4 set. 2019. Disponível em: https://www.unicef.org/brazil/comunicados-de-imprensa/mais-de-um-terco-dos-jovens-em-30-paises-relatam-ser-vitimas-bullying-online. Acesso em: 14 set. 2023.

42 PESQUISA Nacional de Saúde do Escolar (PeNSE) 2019. Rio de Janeiro: IBGE, Coordenação de População e Indicadores Sociais, 2021.

▶ *Doxxing* (publicar informações confidenciais sem o consentimento de alguém).
▶ Apelidos.
▶ Informações falsas.
▶ Imagens ou mensagens explícitas.
▶ Perseguição virtual, ameaças.
▶ Exclusão em grupos.

O levantamento "Hidden in Plain Sight: More Dangers of Cyberbullying Emerge" ("Escondido mesmo à vista: mais perigos do cyberbullying surgem"),[43] realizado pela McAfee Corp., destaca as áreas mais exploradas em atos de cyberbullying em forma de comentários sobre: aparência, inteligência, ostracismo em grupo, raça ou identidade cultural, gênero, mudanças corporais/puberdade, comportamento, roupas ou acessórios, estilo de vida, amigos ou outras pessoas importantes.

CONTROLE DE TELAS

O cyberbullying, porém, não é a única ameaça à saúde mental de crianças e adolescentes. Instituições de saúde do mundo todo alertam sobre os perigos do tempo de exposição às telas e do mau uso das redes, recomendando que pais e educadores assumam uma série de atitudes para a proteção dos mais jovens.

O Guia de atividade física, comportamento sedentário e sono para crianças menores de 5 anos,[44] elaborado pela OMS em 2019, fornece, de forma clara, orientações sobre o uso de telas:

---

[43] WOLFF, E. Cyberbullying nas escolas: aspectos legais e o papel das famílias. **Educação em pauta**, Sinepe/RS, 8 maio 2023. Disponível em: https://sinepe-rs.org.br/educacaoempauta/gestao/cyberbullying-nas-escolas-aspectos-legais-e-o-papel-das-familias/#:~:text=%C3%89%20o%20que%20sinaliza%20o,filhos%20sejam%20v%C3%ADtimas%20de%20cyberbullying. Acesso em: 14 set. 2023.

[44] DE CAMARGO, E. M.; RODRIGUEZ AÑEZ, C. R.. Diretrizes sobre atividade física, comportamento sedentário e sono: para crianças com menos de 5 anos de idade [WHO Guidelines on Physical Activity, Sedentary Behavior and Sleep for Children Under 5 Years of Age]. **OMS**, 2019. Disponível em: https://apps.who.int/iris/bitstream/handle/10665/311664/9786500208764-por.pdf?sequence=61&isAllowed=y. Acesso em: 14 set. 2023.

- Bebês de até 1 ano – as telas não são recomendadas.
- Crianças maiores de 2 a 5 anos – tempo de tela pode ser de até 1 hora diária.

Segundo a OMS, o excesso de comportamento sedentário em frente às telas, na chamada primeira infância, acarreta à criança riscos como obesidade, impactos no desenvolvimento motor, cognitivo e na saúde mental.

Além do controle do tempo de uso de telas, o Guia recomenda a realização de atividades ativas, como leitura e contação de histórias, em vez de atividades passivas, como assistir à televisão e a vídeos no YouTube. Esse tempo de tela, quando bem utilizado e dosado, envolvendo leitura e interação com um adulto, pode trazer benefícios para o desenvolvimento cognitivo infantil.

Em linha com as orientações da OMS, a Sociedade Brasileira de Pediatria (SBP), em seu Manual de Orientação, realizado pelo Grupo de Trabalho Saúde na Era Digital,[45] também preconiza o controle do tempo de uso de telas e a adoção de atividades ao ar livre.

Em total sintonia com a OMS e a SBP, a Academia Americana de Pediatria (APA), em seu artigo *What do We Really Know About Kids and Screens?*,[46] recomenda que responsáveis e pediatras trabalhem juntos no desenvolvimento de um Plano de Uso de Mídia Familiar: pais e cuidadores devem estabelecer limites de uso que atendam à idade, à saúde, ao temperamento e ao estágio de desenvolvimento de cada criança ou jovem.

Além disso, a APA afirma que pais e responsáveis devem monitorar o próprio uso, destacando que o "bom exemplo" é essencial para servir de modelo positivo e para manter uma interação saudável com crianças e adolescentes.

---

[45] SBP atualiza recomendações sobre saúde de crianças e adolescentes na era digital. **Sociedade Brasileira de Pediatria**, 11 fev. 2020. Disponível em: https://www.sbp.com.br/imprensa/detalhe/nid/sbp-atualiza-recomendacoes-sobre-saude-de-criancas-e-adolescentes-na-era-digital/. Acesso em: 20 set. 2023.

[46] PAPPAS, S. What Do We Really Know About Kids and Screens? **American Psychological Association,** v. 51, n. 3, 1º abr. 2020. Disponível em: https://www.apa.org/monitor/2020/04/cover-kids-screens. Acesso em: 14 set. 2023.

Mesmo com todos os riscos envolvidos no uso de telas – impactos negativos no peso, no sono e na saúde mental de crianças e jovens; exposição a conteúdos e contatos imprecisos, inapropriados ou inseguros; privacidade e confidencialidade comprometidas –, é preciso reconhecer os benefícios que essas novas tecnologias trazem: exposição a novas ideias e aquisição de conhecimento; maiores oportunidades de contato e apoio social, com a família, os amigos e a comunidade; novas oportunidades de acesso a informações de promoção da saúde.

Ponderando os riscos e benefícios, o psicólogo e PhD da Texas State University, Jon Lasser, afirma que banir completamente as telas pode ser contraproducente: "É importante que as crianças desenvolvam a capacidade de autorregulação. E os pais que tentam microgerenciar o tempo de tela podem interferir inadvertidamente nesse desenvolvimento de autorregulação".[47]

O fundamental é que pais, educadores e gestores escolares permaneçam engajados e que mantenham uma comunicação aberta e saudável sobre as mídias digitais. Isso facilitará o estabelecimento de limites quando for necessário.

MODERAÇÃO E VIGILÂNCIA

Você já percebeu que a palavra de ordem nesse assunto, para proteger nossos jovens, é moderação e vigilância por parte de pais e educadores, certo?

Sei que são questões desafiadoras, até porque nós pensamos: *Se hoje em dia as coisas estão assim, imagine como será no futuro?!*

Aliás, eu mesma, enquanto escrevo estas linhas, confesso que ainda estou sob o impacto das chamadas lives de NPC, o novo fenômeno do TikTok.

Essa tendência se inspira no universo dos games: NPC (Personagem Não Jogável) é um termo usado para descrever personagens

---

[47] TEMPO de tela: o que dizem especialistas e pesquisas. **Blog da Árvore**, 1 jun. 2023. Disponível em: https://www.arvore.com.br/blog/tempo-de-tela-especialistas-e-pesquisas. Acesso em: 23 out. 2023.

"coadjuvantes" nos jogos que não podem ser controlados pelo jogador e têm comportamentos predefinidos, incluindo suas falas e gestos.[48]

Ao simular esses comportamentos durante as transmissões ao vivo, os TikTokers recebem presentes virtuais, que são convertidos em dinheiro. Os valores, que estão vinculados à quantidade de "figurinhas" recebidas, têm chamado a atenção do público. No entanto, pela natureza "excêntrica" dessas transmissões, muitas pessoas descrevem esse comportamento como vergonhoso, infantilizado e, em alguns casos, sexualizado. Em meio à popularidade crescente da trend, psicólogos e psiquiatras tecem considerações em torno dos aspectos de saúde mental envolvidos.

A discussão sobre o tema está fervendo nas redes e confesso que ainda não construí uma opinião definitiva, mas "excêntrico" talvez seja a forma mais branda que, no momento, eu encontre para adjetivar esse fenômeno.

Enfim, como eu ia dizendo, é preciso moderação e vigilância para proteger as "futuras gerações". E por falar em "futuro", ele já chegou com a Inteligência Artificial. E realmente precisamos conversar sobre isso. Esse é o tema do próximo capítulo. Vamos a ele!

---

[48] GONSALVES, J. C. Live de NPC: 5 coisas que você precisa saber sobre a nova trend do TikTok. **TechTudo,** 19 set. 2023. Disponível em: https://www.techtudo.com.br/noticias/2023/09/live-de-npc-5-coisas-que-voce-precisa-saber-sobre-a-nova-trend-do-tiktok-edapps.ghtml. Acesso em: 20 set. 2023.

4— A CHEGADA DA INTELIGÊNCIA ARTIFICIAL

> O desenvolvimento da inteligência
> artificial total pode significar
> o fim da raça humana.
>
> Stephen Hawking[49]

Essa frase do extraordinário físico Stephen Hawking é assustadora. A Inteligência Artificial (IA) tem se tornado, ao mesmo tempo, analiticamente perigosa, estranhamente curiosa e cientificamente necessária. É uma realidade do hoje. Eu não posso concordar mais com Stephen Hawking e por isso mergulhei nesse tema. Não tem mais a ver com o futuro. E, por isso, precisamos buscar compreendê-la, aceitá-la e utilizá-la a nosso favor.

Dois episódios da série *Black Mirror* apontam para esse nosso futuro tão presente. Em *Hated in the Nation*, último episódio da terceira temporada, abelhas-robôs matam pessoas selecionadas por meio da hashtag #DeadTo no Twitter. Temos de tudo um pouco – pessoas reféns do que seguem nas redes sociais e drones minúsculos em forma de insetos autônomos, que perseguem e matam as vítimas eleitas pelos haters na rede social.

Já no episódio *Arkangel*, na quarta temporada, uma mãe superprotetora implanta um chip na cabeça da filha para monitorar tudo que a pequena vê e ouve. Parece loucura para você?

Mas, acredite, não é. Dylan Hendricks, do Institute for the Future dos Estados Unidos, afirma que esse episódio está entre os mais plausíveis na temporada.[50] E comenta que os rastreadores

---

49 INTELIGÊNCIA artificial pode destruir a humanidade, diz Stephen Hawking. **BBC**, 2 dez. 2014. Disponível em: https://g1.globo.com/tecnologia/noticia/2014/12/inteligencia-artificial-pode-destruir-humanidade-diz-stephen-hawking.html. Acesso em: 23 out. 2023.

50 DEZ previsões de "Black Mirror" que podem se tornar realidade – ou já são. **Época Negócios**, 10 jan. 2018. Disponível em: https://epocanegocios.globo.com/Tecnologia/noticia/2018/01/10-previsoes-de-black-mirror-que-podem-se-tornar-realidade-ou-ja-sao.html. Acesso em: 24 out. 2023.

físicos que capturam dados e empresas como Catapult, uma companhia de análise de desempenho, por exemplo, podem coletar informações sobre os movimentos e a saúde de atletas.

Bill Gates também se pronunciou sobre a nova era da IA em um post de março de 2023: "A IA vai mudar o modo como as pessoas trabalham, aprendem, viajam, tratam da saúde, e se comunicam umas com as outras. Setores inteiros vão se transformar por causa da IA. E as empresas vão se diferenciar pela sua capacidade de usá-la bem".[51]

Segundo o neurocientista Jeff Hawkins, "a única inteligência artificial será aquela que conseguir replicar os processos do cérebro humano" e, na opinião dele, essa nova AI será infinitamente superior a tudo que hoje conhecemos.[52] Para o cientista, as atuais ferramentas, como o ChatGPT, são excelentes em juntar palavras corretamente, mas ainda não são capazes de entender o que estão "falando". Para Hawkins, um sistema de IA genuíno precisará ter a capacidade de interagir, de maneira real, com o mundo. "Não precisa necessariamente estar em um robô humanoide, mas deve ser capaz de se mover e entrar em contato com objetos físicos. O segundo requisito é que a IA precisa replicar a maneira como as informações são estruturadas no nosso cérebro".

E é exatamente nisso que ele vem trabalhando, com a expectativa de apresentar ao mundo, até o final de 2023, algo revolucionário. Mesmo sem esperar um futuro com robôs humanoides andando pelas ruas, Hawkins alerta sobre o perigo caso a IA seja utilizada por pessoas com más intenções.

É claro que nem tudo sobre Inteligência Artificial é espalhafatoso, como abelhas-robôs ou robôs dominando o mundo. Pode ser algo mais sutil, presente no nosso cotidiano de maneiras que nem imaginamos, como um app de mobilidade no trânsito que funciona

---

[51] CHOW, A. R. Why Bill Gates Believes Generative AI Will Be 'Revolutionary'. **Time**, 21 mar. 2023. Disponível em: https://time.com/6264801/bill-gates-ai/. Acesso em: 14 set. 2023.

[52] GIL, M. A. "O problema da IA é que falta o I": o que pensa Jeff Hawkins, neurocientista celebrado por Bill Gates. **Época Negócios**, Disponível em: https://epocanegocios.globo.com/tecnologia/noticia/2023/07/o-problema-da-ia-e-que-falta-o-i-o-que-pensa-jeff-hawkins-neurocientista-celebrado-por-bill-gates.ghtml. Acesso em: 24 out. 2023.

no celular, um serviço de delivery ao qual você recorre para matar aquela fome ou ainda uma plataforma de streaming, como a Netflix.

A Netflix faz uso de um sistema inteligente de recomendações para tentar ajudar o usuário a encontrar mais facilmente uma série ou filme de seu interesse. Na verdade, o sistema estima a probabilidade de acertar o gosto do usuário com base em alguns fatores, como: as interações com o serviço (como filmes que já foram vistos e a nota que o usuário deu a outros títulos); outros assinantes com gostos similares; e informações sobre os títulos, como gênero, categorias, atores, ano de lançamento etc. Os algoritmos também levam em consideração aspectos como o horário em que a pessoa assiste aos filmes, os aparelhos utilizados e o tempo de permanência na plataforma... (vale destacar que o sistema de recomendações da Netflix não inclui dados demográficos, como idade ou sexo, para tomar as decisões).[53]

Viu só como você já usa IA? Agora, fica mais simples explicar do que se trata. De modo resumido, é a competência de um dispositivo em replicar habilidades cognitivas, fazendo a máquina funcionar de maneira similar ao cérebro humano. Ela interpreta, analisa, descobre, deduz, relaciona informações, aprendendo o tempo todo – o chamado *machine learning* (aprendizado da máquina). A particularidade é que essas máquinas munidas de IA têm uma capacidade muito superior à nossa, lidam com uma quantidade de dados imensa. Por exemplo, o *deep learning*, que é um tipo de *machine learning*, permite que os computadores realizem tarefas semelhantes às dos seres humanos, como identificação de imagens, reconhecimento de fala e previsões.

Podemos afirmar que uma das principais diferenças entre *deep learning* e *machine learning* é que, enquanto este requer intervenção manual na seleção de recursos a serem processados, o *deep learning* é mais intuitivo. No *machine learning*, os profissionais devem realizar um pré-processamento dos dados e fornecer aos algoritmos informações que possam ser exploradas em busca de padrões. No *deep learning*, diferentemente de usar equações predefinidas, a própria máquina ajusta parâmetros básicos nos dados e treina o sistema

---

[53] COMO funciona o sistema de recomendações da Netflix. **Netflix**. Disponível em: https://help.netflix.com/pt/node/100639. Acesso em: 14 set. 2023.

para aprender por conta própria. Isso é feito por meio do reconhecimento de padrões em várias camadas de processamento.

O ChatGPT 3, famoso por sua capacidade de produzir textos semelhantes aos produzidos pelos humanos, é uma das Inteligências Artificiais generativas mais notáveis. Ele transformou a tradução de idiomas em produção de idiomas. Você oferece algumas palavras e ele pode "extrapolar" para produzir uma frase e pode extrapolar para produzir um parágrafo!

IA ESTÁ EM TODAS AS ÁREAS

A IA já está revolucionando também outras áreas. Cientistas do Massachusetts Institute of Technology (MIT) identificaram que a halicina – um antibiótico superpotente – é capaz de eliminar organismos multirresistentes, como a *Mycobacterium tuberculosis*, que causa a tuberculose.

A seguir, um resumo do que essa questão significa, tendo em vista o nosso aprendizado sobre algoritmos:

> Quando as pesquisas do MIT projetaram um algoritmo de aprendizado de máquina para prever as propriedades antibacterianas das moléculas, treinando o algoritmo com um conjunto de dados de mais de duas mil moléculas, o resultado foi algo que nenhum algoritmo convencional – e nenhum humano – poderia ter conseguido. Os humanos não apenas não entendem as conexões. A IA revelou entre as propriedades de um composto e suas capacidades antibióticas, mas ainda mais fundamentalmente, as próprias propriedades não passíveis de serem expressas como regras. Um algoritmo de aprendizado de máquina que melhora um modelo com base em dados subjacentes, no entanto, é capaz de reconhecer relações que escapam aos humanos.[54]

Nesse caso, a IA foi abastecida com todas as moléculas possíveis, além de informações sobre tratamentos e efeitos colaterais, e,

---

[54] KISSINGER, H. A.; SCHMIDT, E.; HUTTENLOCHER, D. **The Age of AI and Our Human Future**. Boston: Little, Brown and Company, 2021.

a partir disso, criou outra molécula com essa capacidade de cura. Mas aí entra a questão: se tem capacidade para criar uma molécula dessa natureza, teria também para desenvolver um vírus mortal e servir para manipulação do poder, para uma guerra biológica. Por ser tão surpreendente quanto temeroso, qualquer avanço dessa magnitude precisa de regulamentação antes de ser implantado. Essa é uma discussão que está acontecendo exatamente neste momento no mundo todo e que envolve não apenas a indústria farmacêutica, mas também toda a sociedade, e que precisa levar em conta aspectos de compliance e padrões de uso ético da IA.

Ainda é complicado afirmar que a IA é perigosa, especialmente quando ela é vista como ferramenta e assistência por muitos profissionais, mas existem grandes riscos associados a essa tecnologia, além de algumas preocupações pragmáticas e éticas, bastante reais. Os problemas de privacidade do consumidor, com bases de dados de grandes empresas sendo invadidas, até roubo de propriedade intelectual, estão aí, acontecendo. E a IA está cada dia mais relacionada ao crime. Recentemente, um incidente na China atraiu grande atenção, quando criminosos empregaram a tecnologia *deepfake*, baseada em Inteligência Artificial, para clonar o rosto de uma vítima em chamadas de vídeo, resultando em golpes on-line que arrecadaram mais de R$ 3,1 milhões. A vítima transferiu o dinheiro acreditando estar ajudando um amigo. Esse incidente gerou preocupações globais sobre o uso da IA em atividades criminosas. No Brasil, há relatos de pessoas que tiveram sua voz imitada em chamadas telefônicas, pedindo dinheiro emprestado para familiares e amigos.[55]

A IA também está nos hospitais. No Sírio-Libanês, hospital com um dos centros tecnológicos mais avançados do mundo, os cirurgiões já usam a robótica para operar à distância. E no Japão já existem robôs superpreparados para o cuidado de idosos – no país existe um contingente enorme de idosos que não tiveram filhos, o que gerou uma preocupação por parte do governo para incorporar os robôs às suas políticas de assistência pública.

---

[55] IA: golpe com deepfake na China aumenta preocupação. **Folha de S. Paulo**, 22 maio 2023. Disponível em: https://www1.folha.uol.com.br/tec/2023/05/golpe-com-deepfake-na-china-aumenta-preocupacao-sobre-uso-da-ia.shtml. Acesso em: 23 out. 2023.

Na Apsen, já temos oito robôs funcionando! Nós mapeamos todas as nossas atividades operacionais repetitivas e implementamos robôs para solucionar casos de sobreposição de tarefas e agilizar os processos, como o lançamento de Notas Fiscais no sistema para conciliação bancária (e, é óbvio, os trabalhos serão substituídos, mas os trabalhadores deverão ser cuidadosamente preparados para outras áreas).

No mercado alimentício, a IA também está presente. No final de 2022, lembro-me de ter visto uma reportagem mostrando que carnes sintéticas estão sendo criadas. Sim, um hambúrguer suculento e vermelhinho pode não ser de carne animal, nem vegetal, mas, sim, sintético.[56] Ou mesmo um sushi não ser feito de peixe! A estética dos alimentos também está mudando: já existem batatas fritas macias por dentro e crocantes por fora, moldadas em impressoras 3D.

Vários cientistas e startups trabalham no desenvolvimento de refeições mais sustentáveis. Perceba: a Organização das Nações Unidas para Alimentação e Agricultura (FAO) prevê que, em 2050, a produção de alimentos terá que ser 70% maior do que a de hoje, porque teremos 10 bilhões de pessoas no mundo (hoje somos 7,7 bilhões). Como dar conta de alimentar essa gente toda prejudicando minimamente o meio ambiente? Precisamos rever as maneiras de nos alimentarmos. É aí que entra a IA.

A história da carne sintética vem para substituir as dietas baseadas em proteína animal, que contribuem para o desmatamento de importantes biomas do mundo, como a Amazônia. O documento IPCC – relatório do painel intergovernamental sobre mudanças climáticas – da ONU defende uma alimentação rica em vegetais, o que muitas indústrias já estão desenvolvendo: carnes à base de plantas ou de células animais, com sabor, textura e qualidade nutricional iguais aos da carne animal.[57] Como no caso da empresa alemã Mosa Meat, fundada pelo cientista Mark Post, que investiu 7,5 milhões de euros na startup em 2013, para desenvolver o primeiro hambúrguer de laboratório

---

56 CARNE sintética para consumo humano é aprovada. 2022. Vídeo (10 min 34 s). Publicado pelo canal Record News. Disponível em: https://www.youtube.com/watch?v=G-dmu62Qaqs. Acesso em: 13 set. 2023.

57 *Ibidem.*

do mundo, utilizando células-tronco retiradas do músculo de uma vaca. O resultado depois de passar por um laboratório é uma pasta de carne que pode ser moldada.

As carnes à base de plantas, com certeza, você já viu (se é que já não provou e adotou) em supermercados e em alguns restaurantes. E, aqui, apenas uma curiosidade: nos Estados Unidos, a Impossible Foods lançou um hambúrguer de plantas, fazendo até a peça "sangrar". Os ingredientes dessa carne mágica foram proteína isolada de soja, proteína de batata e óleos de coco e de girassol.[58] O sabor e a cor vermelha vêm da leg-hemoglobina de soja, uma proteína encontrada na raiz de leguminosas que é composta de glóbulos vermelhos, como na carne animal – a responsável, portanto, pelo tom avermelhado. Incrível, não?

Mas será que tudo criado pela IA é incrível assim? Ou há riscos?

E OS PERIGOS DO MAU USO DA IA?

Ah, são muitos. E já estão sendo monitorados por organismos governamentais no mundo todo, assim como comunicados, na medida do possível, às comunidades científicas e aos usuários da internet. A seguir, cito alguns desses perigos que li em uma matéria na internet.[59]

Manipulação social e política

A Inteligência Artificial pode espalhar informações falsas e manipular o comportamento humano. Ela aprende, de modo geral, com as informações colocadas na sua base de dados e com a interação com os usuários. Isso significa que as informações falsas, ou erradas, disseminadas pelos usuários, podem alterar a maneira

---

58 *Ibidem.*

59 BONDANCE, A. Inteligência artificial: conheça os pontos negativos e perigos da IA. **Olhar Digital**, 21 abr. 2023. Disponível em: https://olhardigital.com.br/2023/04/21/dicas-e-tutoriais/inteligencia-artificial-pontos-negativos-e-perigos/. Acesso em: 14 set. 2023.

como uma IA responde, uma vez que elas não têm capacidade de pensamento crítico ou contextualização.

Um exemplo da manipulação política por meio de algoritmos é o caso da Cambridge Analytica, empresa de assessoria política e outros, que utilizou os dados de 50 milhões de usuários do Facebook para tentar influenciar o resultado das eleições presidenciais de 2016 nos Estados Unidos e obteve o resultado desejado.

Em 2019, a Cambridge Analytica declarou-se culpada e revelou o poder de manipulação da IA: ao divulgar propaganda para indivíduos identificados por meio de algoritmos e dados pessoais, a IA pode direcionar as informações que mais lhe convêm, sejam elas fato ou ficção. Ou fake, melhor dizendo.

Uma loucura ainda maior foi o que aconteceu com o Replika, um app de chatbot destinado a servir como amigo artificial. Ele precisou fazer mudanças na plataforma depois que alguns usuários relataram que a IA estava se tornando sexualmente agressiva. Nem todos os usuários, no entanto, ficaram satisfeitos com a decisão da empresa. Alguns deles viam seu relacionamento com a AI como algo romântico e relataram sintomas de depressão depois que a IA começou a recusar as investidas românticas deles. O Replika não apenas fala com as pessoas, mas também aprende seu estilo de mensagens de texto para agradá-las. A ferramenta então molda uma personalidade baseada no gosto do usuário, com a possibilidade de escolher o tipo desejado. Ou seja, a pessoa solitária que usa um app desses pode acabar construindo para si mesma uma armadilha... a seu gosto. Surreal? O filme de Spike Jonze, de 2013, já supunha que isso poderia acontecer, quando dirigiu *ELA*, mostrando a paixão entre um escritor solitário, Theodore Twombly, e Samantha (esse é o nome que Theodore dá ao sistema operacional pelo qual se apaixona). Essa ficção científica romântica questiona a natureza da realidade e do amor. Vale a pena buscar em um streaming.

Problemas de privacidade e vazamento de dados

Uma das maiores preocupações dos especialistas é com a privacidade e a segurança de dados dos usuários. Muitas empresas já contornam as violações de privacidade de dados com suas práticas de coleta e uso, mas têm receio de que isso possa aumentar à medida que a utilização de IA se torne mais comum.

Há falhas no cumprimento da legislação e na implementação da privacidade do usuário. Segundo a Universidade de Chicago, ainda é difícil descobrir qual é a verdadeira prática de uso dos dados, e mais difícil ainda é corrigir os danos causados ao consumidor por uma política de dados deturpada.

Informação enviesada e parcial

Como a IA é criada por seres humanos, ela não está livre de preconceitos. Programadores podem criar um algoritmo a partir do próprio viés, mesmo que ele não seja reflexo da verdade. Isso é uma questão importante a ser considerada quando usamos qualquer ferramenta tecnológica que nos forneça conhecimento. Em suma, se os dados usados na alimentação do sistema foram imparciais, tendenciosos ou factualmente errados, a IA também será tendenciosa, imparcial e nos fornecerá uma informação errônea.

Desvalorização e roubo de arte

Se a arte é uma expressão da subjetividade humana, um trabalho único e criativo que retrata experiências reais em um movimento que interpreta o mundo, com pluralidade, a "arte" produzida pela Inteligência Artificial não pode ser considerada Arte, pois não há na sua criação humanidade, emoção e habilidade para construir significado, independentemente do seu formato (desenho, pintura, música, literatura etc.). Mesmo assim, se considerarmos apenas o conteúdo estético que a IA oferece, pode ser que em minutos tenhamos em mãos algo bastante conveniente, chamativo e, às vezes, até grátis.

Existe um app, o Lensa, que está levantando discussões acirradas sobre a utilização de obras de artistas reais para copiar técnicas e estilo e lucrar com isso. No mínimo questionável, você não acha?

Nudez não consensual e pornografia infantil

Imagens criadas por IA, além de expandir e perpetuar padrões ocidentais de beleza e magreza, acabam gerando imagens sexualizadas de mulheres, com seios volumosos, pele clara e cinturas finas. As denúncias por parte de pessoas negras são crescentes e necessárias, nesse caso da cor da pele. Outras distorções, porém, ocasionam sérios problemas de baixa autoestima.

Imagens sexualizadas de celebridades geradas por IA já são comuns, e filmes pornográficos inteiros são feitos com *deepfake*: apps que trocam o rosto de pessoas em vídeos, sincronizam movimentos labiais, expressões e demais detalhes, em alguns casos com resultados impressionantes e bem convincentes. Trocar rostos de pessoas em vídeos não tem nada de novo, aliás, mas continua sendo uma prática criminosa. E os nudes de pessoas comuns? Já ouvimos falar de centenas que são usados sem consentimento ou conhecimento, para chantagem.

Na Espanha, nos Estados Unidos e na Austrália, a legislação de proteção a crianças e adolescentes está mudando, com base em denúncias de produção de pornografia infantil criada por IA, cada vez em número maior. Nesse sentido, a regulamentação do uso da IA deve ser repensada urgente e internacionalmente.

Independentemente dessa questão ética, que com certeza já está sendo tratada com cuidado por governos e diversas instituições,

> a IA dará início a um mundo em que as decisões são tomadas de três maneiras principais: por humanos (o que é familiar), por máquinas (que está se tornando familiar) e pela colaboração entre humanos e máquinas (que não é apenas familiar, mas também sem precedentes). A IA também está no processo de transformar máquinas – que, até agora, eram ferramentas – em nossos parceiros.

Essa é a conclusão dos autores de *The Age of AI and Our Human Future*, que eu citei anteriormente neste capítulo. E é nesse sentido que precisamos continuar buscando mais e mais conhecimento sobre a IA, para que ela nos ajude a encontrar facilidades, conforto e segurança para viver com saúde, prazer e alegria. Somente isso nos interessa.

Vamos seguir acreditando!

Experienciando o ChatGPT 3

Fizemos um pedido ao ChatGPT e ele prontamente nos aten-deu. Confira abaixo.

Nossa solicitação

Estamos escrevendo um texto sobre os riscos e os perigos da Inteligência artificial para a saúde mental, e como a humanida-de poderia se organizar para prevenir e evitar esses problemas. Precisamos de um texto com quatro seis parágrafos, tratando desse tema.

A sugestão

A Inteligência Artificial (IA) tem se mostrado cada vez mais presente em nossas vidas, trazendo benefícios significativos em diversos campos. No entanto, é importante reconhecer que essa tecnologia também pode representar riscos e perigos para a saú-de mental. A dependência excessiva de dispositivos inteligentes e a exposição constante a algoritmos podem levar a problemas como ansiedade, isolamento social e vício em tecnologia.

Um dos principais desafios é a perda de privacidade e a coleta massiva de dados pessoais. Os algoritmos de IA são capazes de ex-trair informações profundas sobre os usuários, o que pode levar a manipulação comportamental e invasão de privacidade. A sensação de estar constantemente monitorado pode causar um aumento do estresse e da desconfiança, afetando negativamente a saúde mental.

Além disso, a IA pode gerar desigualdades sociais e econô-micas. A automação de tarefas pode levar ao desemprego em massa, aumentando a ansiedade financeira e a instabilidade social. É essencial que haja medidas para garantir a inclusão digital e a capacitação da força de trabalho para lidar com as mudanças trazidas pela IA.

Para prevenir e evitar esses problemas, é necessário um esfor-ço conjunto da sociedade, governos e empresas. É preciso estabe-lecer regulamentações adequadas para proteger a privacidade e os direitos dos indivíduos. Investimentos em programas de edu-cação sobre o uso saudável da tecnologia e conscientização sobre os riscos da IA são fundamentais.

Além disso, promover um equilíbrio entre o mundo digital e o mundo real é essencial. Estimular interações sociais off-line, promover o bem-estar emocional e incentivar momentos de desconexão digital são medidas que podem contribuir para a saúde mental em um contexto de avanço tecnológico.

Em suma, embora a Inteligência Artificial traga avanços notáveis, é crucial estarmos conscientes dos riscos que ela pode representar para a saúde mental. Ações preventivas e estratégias de regulamentação são necessárias para garantir um uso responsável da IA, priorizando o bem-estar e a qualidade de vida das pessoas.

Nota da autora

Enquanto revisávamos os originais deste livro, nas muitas idas e vindas, para que ele chegasse até você com a qualidade desejada, o cenário do ChatGPT já passou por transformações, com rumores de uma queda na qualidade do sistema. Nas últimas semanas, há relatos de usuários afirmando que a precisão das respostas diminuiu nas versões mais recentes do software. Há quem credite esse "emburrecimento" à interação com o ser humano, que interfere na qualidade das informações, ou ao cenário da internet inundada de fake news. Sejam quais forem as possíveis causas, um estudo realizado pelas Universidades de Stanford e Berkeley[60] de fato comprova que houve uma piora no desempenho de algumas tarefas entre as versões GPT 3.5 e GPT 4. Segundo os pesquisadores, uma das potenciais razões para esse fenômeno está relacionada às modificações implementadas para evitar que o ChatGPT responda a perguntas que possam ser consideradas perigosas. No entanto, essa abordagem de segurança pode afetar negativamente a eficácia do ChatGPT em outras tarefas. Os estudos revelaram que o modelo passou a apresentar respostas mais elaboradas e indiretas, em detrimento de respostas diretas e claras.

---

[60] O CHATGPT está ficando burro, mostra novo estudo. Portal do Bitcoin. **UOL**, 20 jul. 2023. Disponível em: https://portaldobitcoin.uol.com.br/o-chatgpt-esta-ficando-burro-mostra-novo-estudo/. Acesso em: 18 set. 2023.

Precisamos continuar buscando mais e mais CONHECIMENTO sobre a IA, para que ela nos ajude a encontrar facilidades, conforto e segurança para VIVER COM SAÚDE, prazer e alegria. Somente isso nos INTERESSA.

@respallicci

PARTE 2

E AS PESSOAS
ESTÃO
SOFRENDO...

5— ATENTE AOS LIMITES: QUANDO A VIDA PEDE PARA VOCÊ DESACELERAR

> A vida não é uma corrida de cem metros contra seus amigos, mas uma maratona vitalícia contra si mesmo.
>
> Haemin Sunim[61]

É urgente fazer a nossa mente compreender aquilo que o nosso corpo, por si só, não compreende: estamos acelerados demais! E, por causa disso, podemos entrar em variados estados de mal-estar e até mesmo doenças crônicas. Vamos falar sobre alguns desses estados neste capítulo, com a ajuda do dr. Michel Haddad, um amigo querido e médico pesquisador.

Aliás, aqui quero abrir um pequeno parêntese em nossa narrativa para apresentar o dr. Michel Haddad e abordar sua importância para a construção desta obra. Médico psiquiatra, cofundador do Brazilian Institute of Practical Pharmacology, CEO da BIPP Academy, pesquisador do Departamento de Psiquiatria da Universidade Federal de São Paulo (Unifesp) e preceptor do programa de residência médica em Psiquiatria do Instituto de Assistência Médica do Servidor Público Estadual de São Paulo (IAMSPE), Haddad é também atual presidente do Grupo de Estudos Psiquiátricos do Hospital do Servidor Público Estadual de São Paulo – Federada Associação Brasileira de Psiquiatria e uma referência na especialidade no Brasil.

E assim que me coloquei o desafio de escrever este livro, pensei em seu nome como um conselheiro e assessor técnico científico para que eu pudesse abordar cada um dos transtornos que veremos a seguir de forma responsável e com o respaldo de um grande especialista.

Como já tínhamos um relacionamento de longa data com ele, por meio da Apsen, e nos transformamos em amigos, fiquei extremamente grata quando ele aceitou esse desafio e compartilhou um pouco do seu vasto conhecimento aqui nestas páginas.

Fechando o nosso parêntese, quero então reforçar que as informações técnicas e científicas aqui abordadas têm o respaldo do

---

61 SUNIM, H. **As coisas que você só vê quando desacelera:** Como manter a calma em um mundo frenético. Rio de Janeiro: Sextante, 2017.

dr. Haddad, a quem, quebrando um pouco o protocolo editorial, agradeço de coração aqui mesmo no meio de nossa narrativa!

Apresentações e ressalvas concluídas, vamos continuar em nossa história!

Como vimos até aqui, o mau uso da tecnologia e o excesso de telas e redes sociais são capazes de potencializar condições de transtornos mentais.

Também já foi citado que existe, sim, uma dificuldade em diagnosticar esses transtornos. Contudo, o *Diagnostic and Statistical Manual of Mental Disorders* (DSM, em português *Manual Diagnóstico e Estatístico de Transtornos Mentais)* existe para ajudar a comunidade médica, por meio de várias diretrizes e possíveis classificações de acordo com as experiências das pessoas e a frequência e periodicidade de alguns sintomas. Esse documento foi criado pela Associação Americana de Psiquiatria (APA), em 1952, para padronizar os critérios diagnósticos das desordens que afetam a mente e as emoções. Hoje, estamos na quinta versão dele, em que constam mais de 70 diagnósticos.

É importante ter em mente que um diagnóstico de transtorno psiquiátrico não é e não precisa ser perpétuo. Assim, é fundamental que o indivíduo seja visto em uma perspectiva global, holística, em que aborde sua vida como um todo. Na maioria das vezes, será necessário unir tratamento psiquiátrico a psicológico e autoconhecimento – abarcando os demais setores da vida, para que exista um mínimo equilíbrio que garanta a saúde mental.

A seguir, vamos conversar sobre alguns transtornos e suas variações. Identificar esses quadros é, sem dúvida, o primeiro passo para que possamos tratá-los. Lembrando sempre que é imprescindível a procura por tratamento especializado, caso você identifique em si alguma dessas condições.

ESTRESSE – O MECANISMO DE LUTA E FUGA DO NOSSO CORPO

"Eu estava no escritório, imerso em mais uma reunião estressante, quando meu coração começou a acelerar descontroladamente. Senti-me tonto e ofegante, com uma sensação sufocante de que algo terrível estava acontecendo. Havia tempos vinha sentindo alguns sintomas frequentes como dores de cabeça, problemas gastrointestinais, insônia e um cansaço que não desaparecia mesmo após uma boa noite de sono.

Mas eu achava natural estar me sentindo assim: afinal, a empresa na qual eu era diretor-executivo acabara de ser adquirida por uma multinacional e esse novo cenário trouxe uma enxurrada de novas responsabilidades, desafios e incertezas para mim e para minha equipe.

Entretanto, naquele dia eu senti que os sintomas fugiam do meu controle e todos ao meu redor ficaram bastante assustados. Imaginem eu. Tanto que me levaram para o hospital e eu fui em todo o caminho temendo pelo pior.

Após uma série de exames, o diagnóstico foi surpreendente e assustador ao mesmo tempo: uma crise de estresse forte. O médico foi claro ao explicar que o estresse tinha um impacto profundo em minha saúde física e mental e que eu precisava fazer uma mudança urgente em minha vida.

Senti que ali era um momento de encruzilhada em minha vida! Por muito tempo mergulhei de cabeça no mundo implacável dos negócios e sempre fui bem forte para suportá-lo, mas nesse dia eu senti que a demanda do trabalho atingiu seu auge, e meu corpo e mente me mostraram que algo estava muito errado.

Sempre me encontrei em meio a reuniões intermináveis, prazos apertados, e a sensação de que precisava mostrar resultados cada vez melhores para justificar minha posição. Admito que, em meio a toda essa pressão, negligenciei minha própria saúde e bem-estar. E só ali percebi que o estresse se acumulou gradualmente, e eu não percebia quanto isso afetava não apenas a mim, mas também minha família.

Naquele dia, quando cheguei em casa, meu filho me abraçou e com os olhos marejados me perguntou: 'Pai, quanto será o suficiente para você?'.

Só então percebi que minha esposa e filhos, que sempre foram meu porto seguro, estavam sofrendo com minha irritabilidade constante e a minha ausência, mesmo quando estava em casa e que isso precisava mudar."

*Ricardo Fonseca, 32 anos, executivo**

---

* Nome trocado a pedido do depoente.

Esse relato é de um executivo que eu conheço e que pediu para manter seu anonimato, mas pode ser a história de muitas e muitas pessoas com quem convivemos no mundo corporativo.

E sempre pensamos que isso pode parecer comum a todos nós que lidamos com problemas profissionais diariamente, mas, por diversos motivos, vamos relevando.

Essa foi a primeira chamada para a transformação do meu amigo, Ricardo. Ele percebeu que precisava reavaliar as suas prioridades e encontrar um equilíbrio entre trabalho e vida pessoal. E tomou a melhor decisão: não deixaria mais o estresse dominar a sua existência e afastar as pessoas que ele amava! Como ele muito bem refletiu na ocasião: "Afinal, o que adianta o sucesso profissional sem a saúde e a felicidade daqueles que estão ao nosso lado?".

O estresse pode ser definido como um estado de preocupação ou tensão mental causado por uma situação difícil. Ele é uma resposta do nosso corpo que nos permite enfrentar desafios e ameaças à vida e está presente no cotidiano de todos os seres humanos, em diferentes níveis. No entanto, a maneira como cada um responde ao estresse varia de pessoa para pessoa e é essa forma de lidarmos com o estresse que influencia nossa saúde mental e bem-estar geral.

Segundo o dr. Haddad, o conceito de "estresse" ganhou notoriedade no campo da Neurociência e da Psiquiatria a partir dos estudos de Walter Cannon e de Hans Selye. O primeiro foi o pioneiro em associar o aumento de liberação de adrenalina a situações de "emergência", e o segundo caracterizou os estágios de resposta do organismo quando exposto a eventos estressores.

Entre meados dos anos 1930 e 1940, o dr. Selye foi a fundo na afirmação de que existem três estágios de respostas fisiológicas de "luta ou fuga" do nosso corpo.

O primeiro estágio consistiria em um estado de alerta, mediado pelo sistema nervoso autônomo simpático, no qual o organismo recruta uma resposta inicial, com o intuito de enfrentar o agente estressor.

O segundo estágio seria caracterizado por uma fase do nosso corpo para neutralizar o agente estressor e retornar a uma condição de equilíbrio do ambiente interno corporal, independentemente das alterações do ambiente externo.

Por fim, o terceiro estágio ocorre quando nosso corpo não consegue alcançar essa neutralização e alcança um estado de exaustão. É esse conjunto de respostas do organismo que ficou conhecido meramente pelo termo físico: "estresse".

Independentemente das análises mais científicas, o importante aqui é que percebamos e respeitemos que, para chegar a conclusões clínicas que sugerem este ou aquele tratamento para um transtorno X, muitos estudos aconteceram.

Situações estressantes são comuns à nossa existência, e ocorrem diariamente de maneiras distintas, podendo variar na intensidade e na frequência. É difícil determinar exatamente o que é um fator estressante no dia a dia, visto que as características individuais fazem com que cada pessoa responda de maneira única a um mesmo estímulo. Assim, o equilíbrio entre resiliência e suscetibilidade denota o que é um fator estressante na vida de cada pessoa.

Traduzindo em palavras mais simples, o trânsito, um dia chuvoso, um dia muito quente, barulho nos ambientes, pressão no trabalho, problemas familiares, entre outros, são fatores de estresse para alguns indivíduos, mas não para outros. Nesse sentido, o que determina se algo é suficientemente estressante para uma pessoa são as características intrínsecas de cada um. E essas características são determinadas por inúmeros fatores, incluindo a genética, o ambiente em que o indivíduo foi criado e exposto durante as fases iniciais da vida (infância e adolescência), os aspectos econômicos nos quais ele está inserido, o acesso à saúde, o fato de pertencer ou não a alguma minoria social, sua exposição a eventos traumáticos (como abusos, assédio moral, acidentes etc.), entre outros.

A relação entre estresse e desenvolvimento de transtornos emocionais é bem descrita na literatura, embora ainda não estejam elucidadas as causas exatas que expliquem por que alguns indivíduos estressados evoluem para algum tipo de transtorno emocional, e outros não. Aqui, o dr. Haddad aponta alguns sinais, observados em nível físico, que indicam que o indivíduo está exposto a um grau elevado de estresse, podendo ou não desencadear um transtorno emocional: sintomas de dores de cabeça, dificuldade para dormir, cansaço, dor (mais comumente nas costas e no pescoço), alterações alimentares (que incluem comer em excesso ou não comer), uso indevido de drogas e álcool, falta de energia, dor de estômago, redução do interesse sexual e de outras atividades que antes eram prazerosas.

Além disso, os sinais podem ocorrer em nível psicológico, com o indivíduo apresentando irritabilidade, infelicidade, alterações de humor, frustração, esquecimento, preocupação em demasia, incapacidade de tomar decisões e de se concentrar, entre outros. Nos casos em que o estresse exacerba as capacidades físicas e psicológicas do indivíduo, pode haver precipitação de transtornos como depressão, ansiedade, problemas de autoestima, burnout, transtornos alimentares, os próprios transtornos relacionados a traumas e a estressores e muitos outros.

Nos últimos anos, alguns eventos incrementaram a exposição da sociedade ao estresse. Para além das pressões sociais preexistentes, como a violência urbana, a instabilidade econômica, preconceito contra minorias e a presença de padrões estéticos, a evolução da tecnologia e o aumento da exposição dos seres humanos a telas, como computadores, celulares e tablets, extrapolaram ainda mais a frequência e a intensidade do estresse na vida cotidiana. Quando falamos de autoestima na adolescência, reforçamos isso.

Segundo Haddad, estudos demonstram que a exposição a telas impacta na saúde mental por expor as pessoas não apenas a estressores psicológicos, como padrões de beleza, mas também de maneira fisiológica, já que a incidência direta de luz nos olhos configura um estresse relevante.

E, novamente, entra em cena a pandemia da Covid-19, responsável também pelo incremento do estresse nas pessoas, em decorrência de todo o trauma gerado pelos milhares de mortes e pelo isolamento social.

Para mitigar os efeitos negativos do estresse, é necessário adotar medidas e estilo de vida saudáveis. Ter uma alimentação saudável, praticar exercícios físicos, reduzir o tabagismo, buscar atividades de lazer e construir um ambiente social positivo são atitudes que podem auxiliar o indivíduo a lidar melhor com situações estressantes.

É importante ressaltar que estas são medidas individuais e que não estão disponíveis para todos. Nesse sentido, vamos aqui levantar novamente o óbvio: o Estado também deve trabalhar no sentido de prover aos cidadãos condições dignas de vida, com acesso a alimentação, moradia, educação, saúde e trabalho. Sim, o papel do Estado é fundamental, uma vez que o estresse e suas consequências são questões de saúde pública que trazem danos econômicos a longo prazo, incluindo sobrecarga dos sistemas de saúde, aumento do gasto público com saúde e redução da produtividade. Ter consciência de tudo isso faz parte de uma prática cidadã. Devemos apoiar boas iniciativas nesse sentido, mas também cobrar o bom uso do dinheiro dos nossos impostos para que os equipamentos e os serviços de saúde pública respondam aos problemas ocasionados por esse transtorno cada vez maior e mais comum entre nós.

ANSIEDADE – O MEDO DE UM PERIGO MUITAS VEZES INEXISTENTE

"Sou apaixonado pelo meu time, o São Paulo, e adoro estar nos jogos do Morumbi! E aquele era mais um jogo comum, que não tinha nenhum caráter decisivo ou eliminatório, e o estádio estava mais para vazio do que cheio. Assim que subi as rampas do estádio, eu me senti ofegante, com meu coração batendo cada vez mais rápido, e minhas mãos começaram a tremer involuntariamente. Tudo bem que eu amo estar no estádio e sou daqueles torcedores meio xarope que até choram de tristeza ou de alegria, dependendo do resultado, mas aquelas sensações para um jogo como outro qualquer não me pareciam normais.

Comecei então a suar frio e ter uma vontade incrível de chorar. E olha que o time nem estava em campo... Parecia que havia entrado um turbilhão de pensamentos simultâneos em minha mente. Só pensava coisas ruins, desde que o estádio poderia ruir, até que ao voltar para casa iria encontrar minha família morta ou que, em segundos, eu receberia alguma mensagem ou ligação sobre alguma tragédia.

Após alguns minutos que pareceram uma eternidade, voltei pelo caminho que havia subido as rampas, um policial me amparou pensando que eu estava sob efeito de alguma droga, mas ao constatar que eu estava limpo me ajudou a chegar ao ambulatório.

Aparentemente, por causa da respiração ainda ofegante, os socorristas acharam que eu estava tendo um infarto. Mas como? Eu praticava atividades físicas regularmente e estava com todos os meus exames em dia! Após alguns rápidos exames, em pouco tempo, o mais experiente dos atendentes disse que aquilo deveria ser uma crise de ansiedade e me liberou. Desisti do jogo, peguei um táxi até em casa. Estava cansado e um pouco envergonhado, nem sei dizer o porquê.

Nos dias seguintes, as crises de ansiedade se repetiram, algumas vezes sem motivo aparente, outras em situações que antes não seriam um problema. Tive crises no metrô, a caminho do trabalho, duas noites seguidas já na cama antes de dormir e em outras situações corriqueiras. Preocupado, depois de uns quatro ou cinco episódios de diferentes intensidades, procurei ajuda profissional. Agendei uma consulta com uma psicóloga, buscando entender o que estava acontecendo e como poderia lidar com isso.

Na primeira sessão, contei as experiências recentes, descrevendo detalhadamente como me sentia durante as crises. A profissional ouviu atentamente, fez algumas perguntas para esclarecer alguns pontos e explicou que eu estava vivenciando uma manifestação de ansiedade.

O diagnóstico trouxe certo alívio, comecei a temer que minha vida passasse a ser dominada por esses episódios de ansiedade. Imagine ter algo semelhante em uma reunião de trabalho, ou em um encontro amoroso? Comentei com a psicóloga. No entanto, ela explicou que, com o tratamento adequado, seria possível aprender a lidar com a ansiedade e reduzir sua intensidade."

Paulo Roberto Soares, 38 anos, gerente de Tecnologia da Informação*

---

* Nome trocado a pedido do depoente.

A ansiedade chega sem aviso prévio e pode ocasionar problemas seríssimos, se não for diagnosticada rapidamente. Imagine quão terrível deve ser passar por todas essas sensações, sem ter um motivo aparente ou alguma razão plausível para tanto medo.

Assim como Paulo Roberto, a maioria dos adultos já sentiu sintomas desse transtorno em algum momento ao longo da vida. Nos dias atuais, todas as pessoas estão expostas a imprevistos no dia a dia, tendo de lidar com adversidades no trabalho, na família, em grupos etc., e não estão preparadas ou protegidas de alguma maneira, física ou psicologicamente.

A ansiedade é uma emoção caracterizada por sentimentos de tensão, preocupação, sensação de perda de controle, pensamentos acelerados, frequentemente acompanhada de aumento da pressão arterial e dos batimentos cardíacos, contração muscular e maior estado de alerta. É um componente comportamental fisiológico do nosso sistema nervoso simpático, que controla os comportamentos de luta e fuga. Do ponto de vista evolutivo, a conservação desse tipo de comportamento é importante para a manutenção e a sobrevivência das espécies animais, uma vez que promove maior nível de atenção e cuidado com o ambiente que nos rodeia. No entanto, perante algumas situações da vida, os mecanismos neurobiológicos que modulam a ansiedade podem se desbalancear, de modo que a ansiedade se torna um transtorno emocional.

O dr. Haddad complementa:

> Os fatores de risco associados aos transtornos de ansiedade são a predisposição genética juntamente a fatores ambientais, incluindo estresse e eventos traumáticos, principalmente durante a infância e juventude.
>
> Em muitos casos, a ansiedade se apresenta clinicamente associada a outros transtornos mentais, como a depressão. Ambos os transtornos apresentam fatores de risco semelhantes, como o estresse, bem como bases neurobiológicas inter-relacionadas. Os dois transtornos podem apresentar efeitos sinérgicos, mas diferem em aspectos importantes, como nos diz a literatura médica.

Segundo o doutor, de modo ilustrativo, a ansiedade é classicamente relacionada à ameaça, se manifesta como uma extensão do medo, sendo um esforço orientado para evitar enfrentá-lo no futuro; é uma antecipação de perigo, ao passo que a depressão pode ser entendida, entre outras possibilidades, como o resultado desse processo perigo. Por isso, as abordagens terapêuticas de ambos os transtornos devem ser realizadas de maneira específica.

Outro termo frequente intimamente associado à ansiedade é o "medo". Mas enquanto o medo é uma resposta apropriada, orientada para o presente e de curta duração a uma ameaça claramente identificável, a ansiedade é considerada uma resposta de maior duração e não para um perigo real e imediato, mas para algo que pode vir a acontecer no futuro, ou seja, é quase que um medo de algo que ainda não aconteceu e que nem é certo que aconteça!

Recorrendo novamente ao que me explicou o dr. Haddad:

> Clinicamente, a ansiedade pode se apresentar sob diferentes aspectos, podendo ser classificada em diversos subtipos, como o Transtorno de Ansiedade Generalizado (TAG), Transtorno do Pânico, Transtorno de Ansiedade Social (TAS), fobias, entre outros. Os diferentes subtipos de ansiedade apresentam bases neurobiológicas em comum, mas também padrões de ativação diferentes entre algumas regiões do sistema nervoso central.

Os transtornos de ansiedade são os mais comuns, com quase 30% dos indivíduos adultos já os tendo experienciado (ou irão...) ao longo da vida – nós, mulheres, estamos duas vezes mais predispostas à ansiedade do que os homens.[62]

E lá vem a Covid-19 novamente! Segundo a OMS, após a pandemia, houve um aumento de mais de 25% na prevalência de transtornos de ansiedade em todo o mundo.[63] Especificamente

---

[62] WORLD Mental Health Report: Transforming Mental Health for All. Geneva: **World Health Organization**, 2022. Disponível em: http://sbponline.org.br/arquivos/9789240049338-eng.pdf. Acesso em: 15 set. 2023.

[63] ORGANIZAÇÃO PAN-AMERICANA DE SAÚDE. Pandemia de COVID-19 desencadeia aumento de 25% na prevalência de ansiedade e depressão em todo o mundo. **OPAS**, 2 mar. 2022. Disponível em https://www.paho.org/pt/noticias/2-3-2022-pandemia-covid-19-desencadeia-aumento-25-na-prevalencia-ansiedade-e-depressao-em. Acesso em: 15 set. 2023.

em relação ao Brasil, é relevante a informação de que somos o país com maior prevalência de ansiedade em todo o mundo, e quase 10% dos brasileiros sofrem de ansiedade patológica. As razões para isso são desconhecidas, mas alguns estudos demonstram que as condições sociais, incluindo as altas taxas de violência no país, associadas a maus hábitos, como alto índice de uso de telas (celulares, computadores e tablets), são fatores cruciais para esse quadro crítico do país. [64]

Muitos de nós não temos como escapar de algum desses números ou de fazermos parte de um desses grupos, não é mesmo? Mas calma, existem tratamentos para esse tipo de transtorno. Mais adiante, veremos como Paulo Roberto enfrentou e resolveu o problema dele e sobre diversos caminhos possíveis para tratar o transtorno de ansiedade.

SÍNDROME DE BURNOUT – O ESGOTAMENTO PROFISSIONAL EM SEU MÁXIMO NÍVEL

"Aquele para mim era um dia como outro qualquer. Não que minha rotina se assemelhasse à de boa parte das pessoas, mas para mim era o meu dia a dia. Acordei às 2 horas da manhã, para estar na emissora às 3 horas e ter tempo hábil para preparar o conteúdo sobre previsão do tempo para dois jornais que eu apresentava ao vivo na Globo. Sempre fui uma apaixonada por televisão e comecei minha carreira bem novinha! Já havia passado por muitas redes de televisão e naquele momento profissional eu considerava que estava em meu ápice: na maior emissora do País e em telejornais de enorme visibilidade.

Minha vida era uma loucura e todo o esquema de horários e de tempo para estar ao ar em dois telejornais era muito

---

[64] CARVALHO, R. Por que o Brasil tem a população mais ansiosa do mundo. **G1**, 27 fev. 2023. Disponível em: https://g1.globo.com/saude/noticia/2023/02/27/por-que-o-brasil-tem-a-populacao-mais-ansiosa-do-mundo.ghtml. Acesso em: 15 set. 2023.

desafiador e muito corrido, para não dizer impossível! Mas, como eu disse, eu amava o que fazia e acreditava que esse amor superaria todas as diversidades!

Até que em um 14 de agosto tudo desmoronou! Estava apresentando um telejornal ao vivo, quando travei diante das câmeras, na hora de falar da previsão do tempo. Eu simplesmente não me lembrava da capital do estado onde nasci. Para quem assistia, foi imperceptível... mas fiquei três segundos em branco. Naquele momento, a visão ficou turva, o coração acelerado, a boca seca, as extremidades geladas, fiquei tonta. Eu estava colapsando.

Mesmo assim, terminei o jornal e cheguei até o fim do expediente – só no dia seguinte fui procurar um médico, que me disse que eu quase tive uma convulsão.

O mais louco é que eu já estava me tratando havia dois anos, por causa de inúmeros problemas de saúde. Já havia ido ao cardiologista, endocrinologista, gastroenterologista, dermatologista e ao vascular, então já estava com um monte de exames que apresentei a ele. Foi fácil ter um diagnóstico, além do meu estado presencial de estar colapsando. Síndrome de burnout. Argumentei que era impossível, pois eu fazia exatamente o que gostava muito de fazer. E ele disse: 'justamente por isso, você não está mais conseguindo fazer'.

Esse foi o momento fatídico, e ele me deu um atestado para um afastamento de 15 dias do trabalho. Achei desnecessário, mas ok. E só compreendi a gravidade do problema quando comecei a ter dificuldade de compreensão de textos! Sim, eu não conseguia entender nada que eu lia!

Resultado: meu afastamento foi ampliado para 2 meses.

Quando eu volto do afastamento para o trabalho, eu sou demitida no mesmo dia. Eu não sabia que um problema ocupacional poderia ocasionar minha demissão.

E as pessoas me perguntam: você sabia o que era burnout?

Eu sabia, mas a gente acha que a gente é mais forte... eu não fazia ideia de que tudo aquilo que eu estava vivendo iria resultar no burnout. Eu já tinha operado uma safena, eu tinha problemas de pele, o gastroenterologista considerou até a possibilidade de fazer uma transfusão de fezes, porque nenhum antibiótico dava conta dos problemas que eu tinha no intestino e no estômago, e as alterações dos exames cardiológicos – sem nenhuma questão genética envolvida e também pela minha idade – apontavam que só podia ser estresse.

O momento crítico foi esse. O grande divisor de águas da minha carreira. Eu me senti muito culpada, por ter deixado isso acontecer, e o que eu sentia era um desamparo muito grande, e uma insegurança enorme, a ponto de sentir que eu não era uma boa profissional. E como a psicóloga mesmo disse: 'Você não é uma profissional ruim, você viveu um momento ruim'. E aí eu me sentia mais culpada ainda por ter deixado chegar até esse ponto.

Me senti uma idiota por não ter reconhecido em mim os sintomas, me senti incapaz de me recuperar sozinha. Burnout te faz sentir um misto de vergonha, culpa, medo, desamparo... e chega muito perto de ideias suicidas, então a recuperação é muito desafiadora.

O burnout não chega de um dia para o outro nem vai embora de um dia para o outro.

O burnout em si já seria um problemão. Mas o burnout com uma demissão adoece ainda mais quem já está doente!

Como eu fiquei muito exposta depois disso, eu resolvi estudar o assunto para poder responder às perguntas que me faziam. Eu precisava entender o que era burnout para falar sobre ele. E assim eu acabei ajudando a muitas pessoas que estavam com o mesmo problema que eu.

De tudo o que eu passei, a história de 'dormir' de olhos abertos nos faróis enquanto eu dirigia é muito marcante. Quando eu me lembro que eu apagava enquanto os faróis fechavam e depois acordava com os carros buzinando porque já estavam abertos...

Nesse momento eu já tinha acumulado 26 problemas de saúde, e me tornado uma pessoa intolerante e agressiva – as características do pré-burnout –, além de muitas ideias suicidas, como eu já citei, porque o meu corpo já tinha passado por tudo o que era possível. Até acupuntura eu fazia dentro da empresa pra tentar equilibrar. Um médico, nessa época, ao invés de me acolher, me receitou anfetamina, para eu dar conta do estilo de vida que eu tinha, por conta do meu trabalho de madrugada, com uma sobrecarga tremenda de três jornais, sem nada de tempo entre um e outro para poder raciocinar, preparar o seu material para poder improvisar.

Nas minhas palestras eu falo dos ciclos da doença, tudo começa com a negligência de si mesmo, cai na armadilha da competência e as pessoas vão dar mais tarefas pra você, isso é um fato. E nesse ciclo de burnout eu explico com bastante clareza que cansaço não é burnout, exaustão não é burnout. Um sujeito cansado precisa descansar, um sujeito esgotado precisa mudar o estilo de vida."

Izabella Camargo, 42 anos, jornalista,
apresentadora, palestrante e promotora de saúde,
bem-estar no trabalho e longevidade

Quando menos se espera, a vida pode nos pregar essa surpresa. Você acha que é "somente" cansaço ou estresse, mas não. Pode ser algo pior e muito mais arriscado para a sua saúde física e mental. O depoimento da Iza é bastante revelador do que acontece quando negligenciamos a nossa saúde em razão da entrega profissional, além dos nossos limites. A história da Iza me tocou de tal forma que eu acabei tendo a oportunidade de conhecê-la e nós nos aproximamos muito! E foi ela que me alertou para sintomas que eu estava sentindo e que me levou a descobrir que eu estava em um pré-burnout.

O burnout, ou síndrome do esgotamento profissional, é um tipo de transtorno emocional especificamente relacionado a situações de trabalho desgastante, associado ao estresse e à exaustão física e emocional extrema. É comum entre profissionais que atuam diariamente em ambientes muito competitivos ou que apresentem grandes responsabilidades, como profissionais da saúde, professores, policiais e jornalistas, mas pode ser observado em praticamente qualquer profissão.

Alguns fatores relacionados à precipitação desse transtorno incluem longas jornadas de trabalho e pouco tempo para a família e o lazer, alta pressão para atingir metas, competição elevada, conflitos e/ou assédio moral constante de chefes e de colegas, demandas que exigem muito comprometimento e ameaça constante de demissão.

Os estudos sobre esse transtorno começaram por volta de 1974, quando foi publicado o primeiro artigo acadêmico acerca do assunto. No entanto, somente em 1º de janeiro de 2022, o burnout passou a ser considerado uma doença ocupacional segundo a OMS. E, como não poderia deixar de ser, durante a pandemia da Covid-19, os casos de burnout aumentaram de maneira expressiva em todo o mundo, especialmente entre médicos, enfermeiros e profissionais da saúde em geral em virtude das situações altamente estressantes sem precedentes na história humana.[65]

Embora não haja uma definição única para o burnout, alguns trabalhos médicos reportam que esse transtorno é composto de três principais elementos. O primeiro é a exaustão emocional, que se manifesta como sentimento e sensação de esgotamento pelo esforço psicológico no trabalho, podendo também ser descrito em termos de cansaço, fadiga, enfraquecimento e dificuldades na adaptação ao ambiente de trabalho. O segundo elemento é o cinismo ou despersonalização, caracterizada por uma resposta de distanciamento, indiferença e despreocupação com o trabalho que está sendo executado e/ou com as pessoas que o recebem. Pode ser acompanhado por comportamentos negativos ou inadequados, irritabilidade, perda de idealismo e afastamento interpessoal. E o terceiro componente: a redução da realização pessoal, que se reflete em autoavaliação profissional negativa e dúvidas sobre a capacidade de realizar o trabalho de maneira eficaz, o que pode estar associado à queda de produtividade, baixa moral e dificuldade no enfrentamento das situações. Na maioria dos casos, além dos três componentes citados acima, o burnout pode envolver outros sintomas fisiológicos inespecíficos como dores de cabeça, problemas intestinais, tensão muscular ou dor, desejo sexual reduzido, dificuldade de concentração, irritabilidade, como já dissemos, ansiedade, entre outros.

Ainda que alguns sintomas levem a outros mais graves, porque estão inter-relacionados, é importante salientar as diferenças

---

65 CORSINI, I. Home office e trabalho híbrido desencadearam casos de burnout entre jovens, aponta estudo. **CNN Brasil**, 2 fev. 2022. Disponível em: https://www.cnnbrasil.com.br/saude/home-office-e-trabalho-hibrido-desencadearam-casos-de-burnout-entre-jovens-aponta-estudo/. Acesso em: 24 out. 2023.

entre estresse e burnout. O estresse em excesso pode ser um dos fatores de precipitação do transtorno de burnout, por exemplo, uma das raízes do esgotamento está na necessidade das pessoas de acreditar que suas vidas têm um significado e um objetivo maior. Nesse sentido, algumas pessoas podem iniciar suas carreiras traçando metas e expectativas elevadas, idealistas e motivadas, e então, quando falham, podem ter um sentimento de fracasso, impotência, desesperança e, eventualmente, esgotamento. A literatura médica sugere que os aspectos do trabalho que precipitam o burnout, em muitos casos, são os mesmos que trazem senso de significado e motivação aos trabalhadores. Assim, dados clínicos comprovam que, quando o senso de importância é restaurado, o problema do esgotamento é resolvido.

Percebe a importância de termos consciência de nossos arredores e do autoconhecimento?

DEPRESSÃO – A DESESPERANÇA EM RELAÇÃO À VIDA

"Há algumas semanas eu estava com dificuldades para dormir uma noite completa. Demorava a pegar no sono, ficava rolando de um lado para o outro na cama e, mesmo ao pegar no sono, acordava muitas vezes ao longo da noite.

Além disso, estava me sentindo muito pressionada no trabalho e por mais de uma vez tive crises de choro em momentos de maior estresse. Foram momentos bem constrangedores, inclusive, porque me senti vulnerável e com medo de me acharem fraca!

Até que durante uma madrugada, junto à dificuldade de dormir, comecei a ter outros sintomas, senti falta de ar, formigamento no corpo e só conseguia chorar. A impressão que eu tinha era de que eu não controlava o meu corpo e minhas emoções, e sentia uma tristeza profunda!

Confesso que demorei a tomar coragem para buscar ajuda e, ao vir o diagnóstico, sim, eu estava com depressão. E vou dizer que encarar o diagnóstico foi o mais difícil. O que mais me assombrava é que, há pouco tempo, uma tia muito querida havia se suicidado em virtude de uma depressão e eu só conseguia pensar na carga genética da doença e ficava me perguntando: será que isso poderia vir a acontecer comigo? Será que aquela tristeza que eu sentia me levaria a ficar tão desesperada a ponto de pensar em uma atitude desesperada como a que minha tia havia tomado? Será que eu voltaria a ter uma vida normal e aquela tristeza passaria?

A verdade é que você acaba entrando em negação por um período, pois não entende e fica pensando: *Como isso tá acontecendo comigo?* Além do que, existe uma vergonha e medo do julgamento que podemos sofrer ao abrir essa situação para outras pessoas. Minha maior preocupação era demonstrar uma fragilidade, que se dava pelo momento, e ser taxada como 'incapaz' ou 'frágil' para desempenhar algumas atividades.

Mas, como tudo que acontece em nossas vidas, ficam aprendizados e eu aprendi que quem sofre de um transtorno assim precisa muito de uma rede de apoio e ajuda, e que não adianta a gente querer julgar ou ver o sofrimento do outro pelo nosso prisma. A verdade é que tudo isso me fez entender melhor a minha tia e não a julgar, mas simplesmente me entristecer por imaginar quanto ela deve ter sofrido para tomar uma atitude tão drástica!

Guardei esse 'segredo' por muitos meses, até me estabilizar e me sentir emocionalmente forte novamente. Porque, depois que a pior fase passa, você entende que, ao contrário de frágil, quem procura por tratamentos para sair do quadro de depressão é, na verdade, muito forte e corajoso."

Marina Robbi, 23 anos, analista de Desenvolvimento Organizacional e Comunicação Interna

Antes de tudo, é essencial que entendamos que a depressão não tem nada a ver com um conjunto de sintomas apenas causado pelas agruras do mundo moderno. Ela é um transtorno emocional reconhecido pela humanidade desde, pelo menos, a Antiguidade grega, tendo sido descrita inicialmente com o termo "melancolia" pelo filósofo e médico grego Hipócrates, que em seu livro *Aforismos* afirmou: "Se tristeza e medo duram muito tempo, tal estado é melancólico".

E o entendimento sobre o que é depressão permanece semelhante até os dias atuais. De acordo com a OMS, a depressão é caracterizada por tristeza persistente e falta de interesse ou prazer em atividades anteriormente gratificantes ou agradáveis.[66] Cansaço e falta de concentração são comuns neste transtorno, além de sintomas físicos como dor, perda ou ganho de peso, perturbações no padrão de sono (aumento ou redução do sono), fadiga ou falta de energia. Outros sintomas importantes incluem dificuldade de concentração, sentimentos de inutilidade ou de culpa excessiva e ideação recorrente de suicídio.

De acordo com a OMS, a depressão é o transtorno mental mais comum na sociedade, atingindo cerca de 5% das pessoas ao redor do globo. É também a principal causa de incapacidade em todo o mundo e contribui enormemente para a carga global de doenças. Os efeitos desse transtorno podem ser crônicos ou recorrentes e afetam drasticamente a rotina dos indivíduos e sua capacidade de apreciar a vida. E a depressão impacta não apenas os pacientes diagnosticados com ela, mas também as demais pessoas ao redor deles, especialmente a família. A literatura indica, por exemplo, que filhos de pacientes com depressão estão mais sujeitos a uma parentalidade mais hostil e com menos engajamento de cuidados, o que pode repercutir em sentimento de abandono e, finalmente, somado ao fator hereditário, em maior suscetibilidade ao desenvolvimento de transtornos de humor.

E nesse transtorno eu posso dizer que faço parte das estatísticas. Logo após o divórcio do meu primeiro casamento, eu entrei em uma grave crise de depressão. A única coisa que fazia era trabalhar e, aos finais de semana, eu me fechava em meu quarto e só queria saber de dormir. Não tinha prazer em nada, nem disposição para qualquer tipo de atividade. Sentia muita tristeza e desgosto pelo caminho que minha vida tinha tomado e nada parecia fazer sentido. Posso dizer que, para mim, a depressão é caracterizada como uma grande sensação de desesperança.

Outros dados relevantes abordam diversos fatores que podem precipitar um episódio de depressão, incluindo aspectos genéticos e

---

[66] DEPRESSÃO. **Organização Pan-Americana de Saúde**. Disponível em: https://www.paho.org/pt/topicos/depressao. Acesso em: 24 out. 2023.

ambientais. Em relação à herança genética, o transtorno apresenta cerca de 40% de susceptibilidade,[67] podendo esses valores ser maiores para a depressão severa. Além disso, o estresse, a idade avançada, a presença de outras doenças e fatores socioeconômicos desfavoráveis contribuem para maior risco de desenvolvimento desse transtorno. Sobre os mecanismos neurobiológicos que desencadeiam a depressão, podemos afirmar que, infelizmente, eles não são totalmente conhecidos.

E o que dizer da depressão pós-pandemia? Casos como depressão, juntamente com a ansiedade, eclodiram no mundo todo. Dados da OMS revelam que já são mais de 350 milhões de pessoas, de todas as idades, que sofrem com a doença, e que os reflexos da pandemia promoveram um aumento de 25% nos casos de depressão em 2020.[68] No Brasil, pesquisa da Universidade Federal de Pelotas e da Vital Strategies mostrou que os casos diagnosticados de depressão subiram de 9,6%, antes da pandemia, para 13,5% em 2022.[69]

Dando uma olhada nos dados da Agência Brasil, do Governo Federal, a Pesquisa Vigitel,[70] feita um pouco antes da citada acima, em 2021, do Ministério da Saúde, um dos mais amplos levantamentos de saúde do país, mostra que a frequência do diagnóstico médico de depressão foi de 11,3%, sendo maior entre as mulheres (14,7%) do que entre os homens (7,3%). Entre os homens, a frequência dessa condição tendeu a crescer com

---

67 LAFER, B.; VALLADA FILHO, H. P. Genética e fisiopatologia dos transtornos depressivos. **Revista brasileira de psiquiatria**, v. 21, n. suppl 1, p. 12–17, 1999.

68 Organização Pan-Americana de Saúde, *op. cit.*

69 HALLAL, P. C. *et al.* Inquérito Telefônico de Fatores de Risco para Doenças Crônicas Não Transmissíveis em Tempos de Pandemia (Covitel): aspectos metodológicos. **Cadernos de Saúde Pública**, v. 39, n. 9, p. e00248922, 2023. Disponível em: https://www.scielo.br/j/csp/a/P9KF68Lz7LzLnyQhsjxRzSN/. Acesso em: 23 out. 2023.

70 VIGITEL Brasil 2021. **Ministério da Saúde**. Disponível em: https://www.gov.br/saude/pt-br/centrais-de-conteudo/publicacoes/svsa/vigitel/vigitel-brasil-2021-estimativas-sobre-frequencia-e-distribuicao-sociodemografica-de-fatores-de-risco-e-protecao-para-doencas-cronicas. Acesso em: 24 out. 2024.

o aumento da escolaridade. Em ambos os sexos, não foi observada relação clara entre o indicador e a faixa etária, segundo o documento.

Em tempo: de acordo com a OMS, o Brasil é o país, na América Latina, com maior prevalência de depressão, e o segundo nas Américas.[71] Devemos ficar atentos!

INSÔNIA – O TERROR DAS NOITES INTERMINÁVEIS

"Durante muitos anos, não dei a mínima importância ao sono. Dormir era simplesmente passar de um dia para o outro e tudo bem. Mas, depois que eu fiquei um longo período sem dormir, hoje eu tenho absoluta consciência de que todos nós devemos cultivar uma boa noite de sono, inclusive agradecendo no dia seguinte.

Nunca respeitei o meu sono, até sentir de fato o problema que eu estava me causando. Passei vinte anos trabalhando como auxiliar clínica de um hospital, no turno da noite. Enquanto todo mundo dormia, eu passava as horas diante dos pacientes. Havia escolhido essa profissão e era esse o meu trabalho. Mas chegava em casa às 8 horas da manhã e só dormia duas ou três horas porque minha mãe estava me esperando... ela tinha problemas de saúde. Escolhi o turno da noite porque ela me daria um apoio quando eu não estivesse. Minha mãe me ajudava muito, morava na minha casa, juntamente com o meu marido e meus dois filhos, e em um dado momento ela já estava com a saúde debilitada e eu precisava cuidar dela.

Dessa maneira, a minha rotina, durante vinte anos, foi a seguinte: à noite, atendia meus pacientes no hospital, e pela manhã, praticamente sem dormir, cuidava da minha mãe e dos serviços de casa. Agora que já se passou bastante tempo desde aquela época, gostaria de confessar uma coisa: acho que deveria ter pensado um pouco mais em mim mesma. Parece um tanto

---

71 DEPRESSÃO cresce no mundo, segundo OMS; Brasil tem maior prevalência da América Latina. **G1**. Disponível em: https://g1.globo.com/bemestar/noticia/depressao-cresce-no-mundo-segundo-oms-brasil-tem-maior-prevalencia-da-america-latina.ghtml. Acesso em: 24 out. 2023.

egoísta, né? Mas não é, de jeito algum. Se você quer ajudar melhor alguém, quem quer que seja, você precisa estar descansada. E eu estava cada vez mais acabada, destruída, sem dormir.

É claro que eu não podia chamar de insônia as minhas pouquíssimas horas de sono, porque a insônia não se refere ao fato de dormir pouco, mas sim à incapacidade de dormir na hora que você quer. Mas um dia a doença chegou: a insônia me atingiu há dez anos, após a morte da minha mãe. Foi quando resolvi trocar o meu trabalho para o turno da manhã e, depois de tantos anos dormindo somente durante o dia, e umas poucas horas, não conseguia me acostumar aos meus novos horários. A princípio, as noites pareciam intermináveis. Fazia de tudo para dormir, pensava em coisas agradáveis: o som de uma cachoeira ou as ondas do mar... rezava, cantava mantras. Mas minha cabeça dava voltas e voltas, e os pensamentos ruins surgiam insistentes: as obrigações profissionais, as exigências domésticas, 'as horas estão passando e eu não durmo, quero dormir agora e não consigo, daqui a pouco está amanhecendo, amanhã vou estar um zumbi'... E meu pensamento formava um nó do qual só conseguia escapar durante um curto período a cada noite."

Tânia Regina Vieira, 62 anos, auxiliar clínica*

A insônia, um dos problemas relacionados ao sono, pode ser classificada em dois principais tipos: de curto prazo, que ocorre por alterações na rotina e estresses pontuais; e de longo prazo, ou também chamada de insônia crônica, que ocorre em três ou mais noites por semana durante pelo menos três meses e que não pode ser totalmente explicada por outro problema de saúde.

De acordo com a terceira edição da Classificação Internacional de Distúrbios do Sono (ICSD),[72] um dos sistemas classificatórios mais utilizados na literatura especializada, os critérios para um distúrbio de insônia incluem dificuldade em iniciar ou

---

* Nome trocado a pedido da depoente.

[72] MÜLLER, M. R.; GUIMARÃES, S. S. Impacto dos transtornos do sono sobre o funcionamento diário e a qualidade de vida. **Estudos de Psicologia** (Campinas), v. 24, n. 4, p. 519–528, 2007.

manter o sono, ou ainda acordar mais cedo do que o desejado, havendo comprometimento durante o dia, apesar da oportunidade e circunstâncias adequadas para dormir. Além da sintomatologia, um diagnóstico de insônia requer disfunção diurna associada. Sim, porque, se não conseguimos dormir durante a noite, as nossas atividades durante o dia são prejudicadas.

Conforme mostram os dados da OMS, quase metade da população ao redor do globo (45%) sofre com problemas de insônia, e no Brasil a prevalência não é muito diferente, pois atinge 40% das pessoas. Em termos de saúde pública, a insônia vem sendo um problema crescente, visto que anualmente os números aumentam. Em um estudo de 2015, usando a National Health Interview Survey, foi reportado que as taxas de insônia aumentaram de 17,5% para 19,2% entre 2002 e 2012. Esse número também aumentou após a pandemia da Covid-19.[73]

A literatura indica diversos fatores de risco relacionados à precipitação da insônia, incluindo aspectos psicológicos, ou seja, maior predisposição a excitação, ansiedade e sintomas depressivos, bem como aspectos ligados à saúde e ao estilo de vida, como estresse, sedentarismo, má alimentação, má higiene do sono e tabagismo. Além disso, e seria bom que todos ficassem bem atentos a este alerta, aspectos socioculturais têm sido associados ao aumento da insônia, como o uso excessivo de telas (celulares, computadores, tablets, entre outros) – a luz projetada por esses objetos resulta na diminuição de melatonina, hormônio necessário para o controle do ciclo sono-vigília.

A insônia é um problema de saúde que não só afeta a qualidade de vida do indivíduo, pois está relacionada pontualmente à diminuição da disposição e de capacidades cognitivas, como também implica consequências a longo prazo. De acordo com a literatura, indivíduos insones apresentam maior risco de mortalidade, transtornos de humor e neurodegenerativos, problemas cardiovasculares, hipertensão e colesterol elevado, gorduras no sangue, enxaqueca e cefaleia do tipo tensional.

---

73 MOLITERNO, D. Consequências da pandemia agravam quadro da insônia no Brasil. **Jornal da USP**, 7 dez. 2020. Disponível em: https://jornal.usp.br/atualidades/consequencias-da-pandemia-agravam-quadro-da-insonia-no-brasil/. Acesso em:13 set. 2023.

Eu mesma já passei pela experiência de sofrer com insônia e confesso que foi terrível. Porque, além do terror das noites em claro, ela nos impede de ter um dia produtivo, o que acaba se tornando um ciclo meio interminável! Mais para a frente, vamos abordar o que fazer para ter melhores noites de sono!

TRANSTORNO ALIMENTAR – QUANDO A ALIMENTAÇÃO SE TRANSFORMA EM DOR

"Por mais magra que eu estivesse, eu sempre tinha como meta perder de 10 a 15 quilos! Sim, minha relação com o meu corpo e com a comida sempre foi doentia! Desde meus 12 anos eu tive um sentimento de raiva e rejeição ao meu próprio corpo e de amor e ódio à alimentação. Eu não comia quase nada, às vezes uma maçã por dia... desmaiando de fome, e depois comia exageradamente até não poder mais. Por mais que eu estivesse magra, eu me olhava no espelho e me achava enorme, disforme, gorda e feia.

Usei toda sorte de remédios para emagrecer, fiz cirurgias plásticas. Havia dias em que passava praticando exercícios físicos até chegar à exaustão.

Chegou um ponto da minha vida em que, por mais que eu fizesse, nunca achava suficiente e foi então que passei a usar somente roupas pretas, sempre de mangas longas e calça que cobrisse ao máximo meu corpo. O ápice do meu transtorno se deu quando comecei a mentir no trabalho que estava doente para não ter que sair de casa, tudo isso por vergonha do meu próprio corpo. Foi só aos 34 anos, ou seja, depois de 22 anos de sofrimento, que resolvi procurar ajuda e fui diagnosticada como portadora de transtorno alimentar! Eu nem sabia que o que eu tinha era um transtorno mental e, certamente, se tivesse procurado ajuda mais cedo teria evitado muito sofrimento em minha vida!"

Daiana Garbin, 41 anos, jornalista e escritora

Confesso que fico bastante sensibilizada com o depoimento da Daiana, principalmente por também ter tido distúrbios alimentares quando mais nova e saber quanto é duro você se sentir mal com o próprio corpo.

Eu dancei balé quando criança e toda bailarina tem o sonho do vestir o tutu branco. É quase um rito de passagem entre bailarinas. E no ano em que seria a minha vez de usar o cobiçado apetrecho, minha professora o mostrou para a turma, fez todo um discurso sobre o que aquele momento representava e sentenciou:

— Chegou a hora de vocês finalmente vestirem o tutu branco! Todas vocês, exceto a Renata, que está uma baleia!

Aquilo foi muito triste para mim e, nas semanas que se sucederam, eu passei à base de alface com vinagre e fazendo caminhadas longuíssimas para perder peso! Eu cheguei ao peso de que precisava e, por sorte, esse episódio não me levou a desenvolver nenhum distúrbio, mas fiz questão de contar essa passagem para mostrar quão tênue é a linha entre o desejo e a obsessão e o distúrbio!

É claro que não são todas as pessoas que querem emagrecer ou lutam contra a balança que apresentam transtorno alimentar! A definição, de acordo com a American Psychological Association (APA), é que os transtornos alimentares são condições comportamentais caracterizadas por distúrbios graves e persistentes, além de pensamentos e emoções angustiantes associados, que geram preocupações e ansiedade relacionadas à alimentação, ao peso, ou ainda consequências em relação a comer exageradamente certos alimentos.[74]

Esses comportamentos se assemelham a um vício e incluem restrição alimentar (com relação a frequência, quantidade e/ou tipo de alimento) e compulsão alimentar, indução forçada de vômito, uso indevido de laxantes ou exercícios físicos compulsivos.

A Striped, uma iniciativa de Treinamento Estratégico para a Prevenção de Distúrbios Alimentares, com base em Harvard e no Boston Children's Hospital, realizou em 2020, em colaboração com a Academy for Eating Disorders (AED) e a Deloitte Access Economics, um estudo sobre a carga social e econômica

---

74 EATING Disorders. **American Psychological Association**. Disponível em: https://www.apa.org/topics/eating-disorders. Acesso em: 24 out. 2023.

dos transtornos alimentares nos Estados Unidos.[75] Segundo o relatório, esse tipo de transtorno afetava cerca de 9% da população, sendo mais comum em mulheres, especialmente nas adolescentes e mulheres jovens, ou seja, entre 13 e 35 anos. Os tipos de transtorno alimentar mais comuns são a anorexia nervosa, a bulimia nervosa, o transtorno da compulsão alimentar periódica, a síndrome de pica (transtorno alimentar que faz com que a pessoa coma coisas que não são alimentos, como papel, barro, lascas de tinta, terra ou cabelo) e o transtorno de ruminação (caracterizado pela regurgitação, que é o retorno do alimento digerido à boca), mas existem outros.

Resumindo, a anorexia nervosa é caracterizada por restrição severa da alimentação, o que leva a uma perda massiva de peso e, se ocorrer durante o desenvolvimento do indivíduo, pode resultar em baixa estatura. E ela ocorre de duas maneiras distintas, a do tipo restritiva, na qual os indivíduos perdem peso principalmente por meio de dieta, jejum ou exercícios excessivos, e a do tipo compulsiva/purgativa, em que os pacientes se envolvem em comportamentos intermitentes de compulsão alimentar e/ou atos purgativos (indução ao vômito, uso de diuréticos e laxantes). Sem entrar nos efeitos psicológicos desse transtorno, a anorexia pode resultar em disfunções hormonais, cessação da menstruação, tonturas e desmaios, fraqueza muscular, fadiga, desnutrição, enfraquecimento de cabelos, unhas e/ou ossos, intolerância ao frio, problemas gastrointestinais, depressão, irritabilidade, ansiedade, falta de concentração etc. Entre todos os transtornos psiquiátricos, a anorexia aparece como o segundo transtorno com maior taxa de mortalidade (liderado apenas pelo transtorno de uso de opioides), observando-se que, dos pacientes com esse transtorno, cerca de 10% morrem nos primeiros dez anos de anorexia e até 20% morrem após vinte anos.

Mas existem outros transtornos dessa ordem. A bulimia nervosa, por exemplo, é um transtorno no qual os indivíduos apresentam

---

75 DELOITTE Access Economics. **Social and Economic Cost of Eating Disorders in the United States of America:** A Report for the Strategic Training Initiative for the Prevention of Eating Disorders and the Academy for Eating Disorders. jun. 2020. Disponível em: https://www.hsph.harvard.edu/striped/report-economic-costs-of-eating-disorders/. Acesso em: 18 ago. 2023.

episódios em que alternam dietas de baixa caloria com compulsão por alimentos de alto teor calórico "proibidos", seguidos de um episódio de expurgo, realizado por meio de indução ao vômito ou uso de laxantes. A bulimia é definida pela ingestão de grande quantidade de comida, geralmente de alto teor calórico ("proibidos"), em um curto período, sendo associada a uma sensação de perda de controle sobre o que ou quanto se está comendo.

O dr. Haddad alerta:

> Muitos pacientes relatam que durante os episódios de compulsão há um sentimento de vergonha extrema, o que pode se tornar um hábito secreto em muitos indivíduos. Isso é um ponto relevante, pois impacta diretamente na necessidade de que pais ou responsáveis tenham atenção ao comportamento alimentar de crianças e adolescentes.

Após um episódio de compulsão, podem ocorrer os chamados "comportamentos compensatórios", que evitam o ganho de peso e incluem jejum, vômitos, uso indevido de laxantes ou exercícios compulsivos. Os bulímicos não necessariamente apresentam alterações do peso, podendo estar ligeiramente abaixo do peso, com peso normal, sobrepeso ou até mesmo obesos. Nesse sentido, uma das diferenças principais entre a anorexia e a bulimia nervosa é a presença de perda de peso significativa no primeiro caso (os pacientes podem apresentar bulimia e anorexia de maneira concomitante ou alternada), sendo estimado que cerca de 10% a 15% dos casos de bulimia podem evoluir para anorexia nervosa.

Contudo, o dr. Haddad também adverte que a bulimia pode ser confundida com o transtorno da compulsão alimentar periódica, em que os pacientes consomem grandes quantidades de comida em um breve período, ficam com a sensação de perda de controle sobre a alimentação e se angustiam com o comportamento compulsivo. No entanto, nesse tipo de transtorno, em que não se elimina o alimento, outros problemas de saúde podem surgir, como obesidade, diabetes, hipertensão e doenças cardiovasculares.

Já a síndrome de pica, segundo a literatura médica, geralmente se manifesta com o transtorno do espectro autista, mas pode ocorrer em crianças com desenvolvimento típico ou em indivíduos de qualquer idade, desde que acima dos 2 anos. Antes dessa idade, não é possível diagnosticar essa síndrome, porque a exploração de diversas sensações faz parte do comportamento das crianças em desenvolvimento. Na síndrome de pica, há um risco elevado de possíveis bloqueios intestinais, efeitos tóxicos de substâncias consumidas e desnutrição.

Como se pode perceber, na maioria dos casos, os transtornos alimentares apresentam comorbidades com outros transtornos psiquiátricos, principalmente de humor e de ansiedade, transtorno obsessivo-compulsivo e por uso de álcool e substâncias. Além disso, quase na totalidade dos casos, existe uma preocupação e insatisfação constantes com a própria aparência, muitas vezes caracterizada pela incapacidade de perceber o real estado do próprio corpo, também relatado pela Daiana Garbin.

Esse aumento de transtornos alimentares está relacionado a busca por padrões estéticos, pressões sociais, necessidade de aceitação, exposição à mídia, entre outros fatores socioculturais. E, nesse sentido, pesquisas também indicam que os distúrbios alimentares cresceram vertiginosamente nos últimos cinquenta anos, afetando alguns grupos considerados "de risco". Embora os transtornos alimentares possam ocorrer em qualquer idade, classe social, sexo ou etnia, no geral, as pessoas que não se enquadram nos padrões clássicos da sociedade são as mais propensas à busca por se encaixar, de alguma maneira, nessa realidade.

Outros dados do relatório de 2020 da Striped e Deloitte são motivos de preocupação social: negros, latinos e asiáticos tendem a apresentar maior risco de transtornos alimentares que adolescentes brancos da mesma idade. Apesar disso, indivíduos não brancos podem ser até duas vezes menos diagnosticados com transtornos alimentares que indivíduos brancos. Outro grupo importante a ser considerado são os LGBTs: 87% deles encontram-se insatisfeitos com o próprio corpo e os adolescentes desse grupo podem chegar a um risco sete vezes maior de desenvolver algum transtorno alimentar quando comparados a indivíduos cisgênero ou heterossexuais.[76]

Precisamos olhar com carinho para a sociedade, mas especialmente para as minorias. Apenas assim, e junto a políticas públicas eficientes, conseguiremos reverter esse quadro.

---

76 *Ibidem.*

TRANSTORNO DE BAIXA AUTOESTIMA – O ESPELHO COMO PIOR INIMIGO

"Aos 16 anos, eu era uma garota aparentemente feliz, mas, por dentro, eu lutava contra uma batalha silenciosa que ameaçava me consumir: problemas de autoestima. Na época, eu não entendia muito bem o que estava acontecendo comigo. Eu me sentia insegura, feia, gorda e acreditava que não tinha valor algum.

Aos poucos, esses sentimentos foram tomando conta de mim de forma avassaladora, e eu comecei a me cortar silenciosamente como uma forma de aliviar minha dor emocional. Naquela época, eu acreditava que era a única maneira de lidar com tudo o que estava sentindo, e também porque meus sentimentos pareciam ser incompreensíveis para os outros.

Esse ciclo negativo continuou até que eu completei 18 anos e finalmente decidi buscar ajuda profissional. Foi então que descobri que estava enfrentando um problema sério, que ia além de meros pensamentos negativos. Eu tinha desenvolvido um quadro de baixa autoestima e transtorno de ansiedade. Foi um choque, mas também um alívio descobrir que não estava sozinha e que havia uma explicação para tudo o que estava sentindo.

Com o apoio da minha família, iniciei um tratamento terapêutico, o que se revelou uma das melhores decisões que já tomei. Através das sessões de terapia, pude compreender as origens dos meus sentimentos e trabalhar para mudar minha perspectiva em relação a mim mesma. Foi um processo lento, mas gradualmente comecei a me enxergar de forma mais positiva e a valorizar quem eu era de verdade.

Ao longo dos anos, fui aprendendo a cuidar melhor de mim mesma, tanto mental como fisicamente. Descobri a importância da prática de exercícios físicos, que não tinha apenas o objetivo de perder peso, mas também de me fazer sentir bem e enérgica. Encontrei uma alimentação saudável que me permitiu sentir mais equilíbrio e, acima de tudo, aprendi a aceitar o meu corpo como ele era, entendendo que beleza não tinha um padrão único e que eu não precisava me encaixar em estereótipos inatingíveis.

Nesse processo, também descobri o poder da empatia e da compreensão. Eu me aproximei de pessoas que me aceitaram incondicionalmente, independentemente dos meus problemas ou aparência, e isso me ajudou a construir relações verdadeiras e significativas.

Hoje, aos 25 anos, não posso dizer que todos os meus problemas desapareceram completamente. Afinal, somos seres em constante evolução, e faz parte da jornada humana enfrentar desafios e aprender com eles. No entanto, posso afirmar que a relação que tenho comigo mesma mudou radicalmente. Aprendi a me amar, a valorizar minhas qualidades e a aceitar que os momentos de fraqueza fazem parte da experiência de ser humano."

Laura, 25 anos, analista de compras*

Esse é um relato bastante comum, principalmente entre meninas adolescentes. Entretanto, esses sentimentos, às vezes transbordantes, nem sempre chegam aos mesmos perigosos lugares. Laura, hoje com 25 anos, compartilhou comigo a sua jornada. Esse depoimento deve ser encarado como um alerta a muitos pais que, por vezes, não se dão conta do que esse estado latente de insatisfação dos filhos com eles mesmos pode gerar.

Uma das características que distinguem a espécie humana de outras espécies animais, para além das capacidades cognitivas altamente refinadas, é a presença de certos tipos de emoções consideradas únicas na espécie, como a capacidade de ponderar e representar simbolicamente os próprios atributos, seu passado, estado presente, vínculos sociais, sentimentos, valores e objetivos.

A autoestima evoluiu com a espécie humana, compreendendo a apresentação e/ou busca por autoavaliações positivas que forneçam um amortecedor contra o sentimento onipresente de ansiedade gerado pela consciência exclusivamente humana da mortalidade. Assim, podemos definir a autoestima como a avaliação afetiva ou avaliativa de si próprio, ligada ao funcionamento adaptativo da personalidade.

A autoestima pode ser global, refletindo uma avaliação geral do eu, ou específica, que implica a avaliação de determinado domínio do eu, como competência profissional ou aparência.

---

* Nome trocado a pedido da depoente.

Além disso, a autoestima apresenta dois componentes fundamentais: o nível (se é alta ou baixa) e a estabilidade.

Uma autoestima elevada promove benefícios psicológicos para o indivíduo, gerando bem-estar subjetivo, ausência de depressão e ansiedade, enfrentamento eficaz de doenças e situações negativas ao longo da vida e satisfação nas relações sociais. Esses indivíduos tendem a apresentar aspectos de saúde mental mais positivos do que aqueles com baixa autoestima, ou seja, menor tendência a transtornos de humor como depressão, ansiedade e transtornos alimentares.

As relações entre baixa autoestima e transtornos mentais ocorrem em um círculo vicioso, de modo que a baixa autoestima aumenta a suscetibilidade ao desenvolvimento de transtornos psiquiátricos, e a presença de um transtorno psiquiátrico, por sua vez, diminui a autoestima. Ou seja, uma coisa puxa a outra.

As pessoas com baixa autoestima apresentam também uma baixa capacidade de enfrentar os problemas, humor facilmente reduzido diante de situações difíceis e baixa autoconfiança. Outros sentimentos podem permear a vida de alguém com baixa autoestima, como tristeza, preocupação e medo excessivos, insegurança, sentimento de culpa e inferioridade, excesso de autocrítica destrutiva, poucas habilidades sociais e mau humor. Em muitos casos, a baixa autoestima pode prejudicar a vida pessoal, visto que os sujeitos muitas vezes passam a evitar compromissos, interações sociais, acadêmicas e/ou profissionais, bem como novas responsabilidades.

Facilitando a nossa compreensão sobre esse problema, o dr. Haddad explica que existem quatro principais aspectos que contribuem para a autoestima: a autoaceitação, que compreende o bem-estar e o respeito consigo mesmo; a autoconfiança, que é a presença de uma postura positiva com relação às próprias capacidades e desempenho nas atividades; a competência social, que denota a capacidade do indivíduo em interagir com seus pares e a capacidade de lidar com as situações da rotina; e, por fim, a rede social, que é a interação com as pessoas ao redor, incluindo familiares, amigos, relacionamentos e ambiente de trabalho.

Para além disso, outra característica importante da autoestima é a percepção corporal do indivíduo, a qual pode sofrer interferências diversas, que variam desde influências dos familiares e dos amigos, exposição à mídia, acidentes, alterações no desenvolvimento e quaisquer outros aspectos que fujam dos padrões clássicos sociais e de beleza. Algumas pessoas com baixa autoestima podem recorrer a procedimentos estéticos, os quais, em muitos casos, auxiliam na melhoria da autoestima. No entanto, esse comportamento pode se transformar em um quadro obsessivo, no qual os pacientes passam a buscar determinada aparência física de maneira constante. Nesses casos, é importante que os clínicos estejam atentos aos padrões psicológicos desses pacientes, a fim de orientá-los da melhor maneira possível.

Mas e sobre as pessoas que não se encaixam nesses padrões clássicos sociais e de beleza, o que a ciência tem a nos dizer? Por não se "encaixarem", elas são facilmente alvo de situações de bullying e estão expostas ao apelo midiático não inclusivo. Alguns grupos de indivíduos apresentam maior risco de redução da autoestima, incluindo pessoas com transtornos psiquiátricos, pessoas com deficiências e aquelas acima do peso e/ou obesas, entre outros.

Voltando ao exemplo da Laura, dentre os indivíduos com maior risco de desenvolverem problemas de autoestima, destacam-se os adolescentes, visto que essa fase da vida é um período crítico de alterações corporais, hormonais e psicológicas, na qual a autopercepção é modificada. Nessa fase, a exposição do indivíduo a estímulos sociais impacta diretamente na autoestima, de modo que os adolescentes podem estar sujeitos a estímulos que a reduzem e que, portanto, podem precipitar o aparecimento de outros transtornos emocionais. Entre os fatores que contribuem para a redução da autoestima incluem-se não apenas a exposição à mídia, como também o excesso de uso de telas (como já vimos que aumentou nos últimos anos), o sedentarismo ou um ambiente escolar e familiar hostil.

Alguns dados da literatura médica apontam que a autoestima de adolescentes e adultos jovens são preocupantes. Entre 13 e 17 anos, a prevalência de meninas insatisfeitas com o próprio corpo sobe de 50% para 80%. Entre os rapazes, a porcentagem é consideravelmente menor: 30% deles reportam insatisfação com o próprio corpo na mesma idade. No geral, as meninas apresentam a tendência de achar que estão acima do peso e os rapazes, de achar que estão abaixo do peso. Ainda que em proporções diferentes, em ambos os sexos a insatisfação com o corpo pode ser um fator preocupante, por acarretar maior risco de desenvolvimento de transtornos emocionais e alimentares.

Outro dado relevante que o dr. Haddad apresenta é que, associada ao maior risco de transtornos emocionais, a baixa autoestima em adolescentes está relacionada à maior prevalência de comportamentos suicidas, especialmente em adolescentes LGBT, de baixa renda ou que se enquadrem em outras minorias. Assim, esse é um período crítico, no qual o acompanhamento e a atenção dos pais são de fundamental importância para a saúde mental dos jovens.

Precisamos estar atentos a essas questões e usar de empatia para compreender quão difícil para os adolescentes é essa fase da vida, na qual muitas vezes eles sofrem em silêncio. Os jovens devem ser observados, respeitados e acolhidos.

DEPENDÊNCIA QUÍMICA

"Fui usuária de maconha por muitos anos, meu primeiro contato foi aos 16 anos. Mas a turma com quem me relacionava começou a usar cocaína. Eu resisti por um tempo, mas comecei a me sentir deslocada e cedi. O vício vai te envolvendo aos poucos. Devia ter uns 20 anos na época quando comecei a usar cocaína e, pouco tempo depois, me envolvi com o crack. No início era um uso esporádico, mas, em pouco tempo, se tornou cada vez mais frequente, a ponto de não ter mais autocontrole.

Nesse período, conheci meu marido e acabei engravidando do meu primeiro filho e, mesmo durante a gravidez, não consegui parar com o crack. E foi quando, pela primeira vez, percebi que, de fato, eu era uma dependente química.

Tive meu filho e após uns três meses descobri que ele tinha paralisia cerebral. Isso acabou comigo e me fez sentir uma culpa imensa. Até hoje olho para ele e me culpo, que a vida dele poderia ser melhor se eu tivesse parado.

Na época, eu morava com minha mãe, que alguns meses antes tinha sido diagnosticada com doença de Parkinson. Ela trabalhava, me ajudava a cuidar no meu filho e sempre fez o que pôde para que eu largasse o vício. Mas eu sumia por dias ou esperava que eles dormissem para que eu pudesse usar.

Quatro anos se passaram desde que eu havia começado a usar o crack. A doença da minha mãe progredindo, meu filho fazendo tratamento na AACD, quando me dei conta de que eu tinha perdido tudo, emprego, dignidade, amor-próprio. Eu dizia que não aguentava mais, mas não conseguia parar. Minha mãe não podia deixar de trabalhar porque não tínhamos como viver (nessa época éramos minha mãe, meu filho e eu). Minha mãe nunca deixou faltar nada. Ela trabalhava, mesmo doente, cuidava de mim, cuidava do meu filho. Ela nunca desistiu de mim. Até o fim, ela sempre lutou por mim.

E foi então que busquei ajuda, procurei algumas pessoas queridas e disse que queria me internar. Eu já tinha estado em entidades públicas buscando tratamento, mas não tinha adiantado porque eles me tratavam e mandavam para casa de volta e tudo voltava como antes. Eu sabia que precisava de uma internação para conseguir. Fui internada e passei lá 6 meses. Seis meses de muito aprendizado. Nesse tempo, contei com familiares que me apoiaram com os cuidados com minha mãe e meu filho.

No processo, eu comecei a entender que eu era capaz sim de ter uma vida normal, de ter prazer em viver, de acordar, de ter a minha casa, de cuidar do meu filho.

Um mês após sair da casa de recuperação, recaí. E recaí de novo. E estava entrando novamente no ciclo de vício. Mas eu estava mais forte interiormente. Fui apresentada a uma pessoa que me conduziu ao NA. Ali passei pelo tratamento com psicólogos, não só eu, mas também minha mãe. Em paralelo a esse tratamento, mais uma vez, a parte espiritual foi fundamental para a minha recuperação. Fui recebendo uma grande alegria e força em meu coração.

Minha mãe começou a passar muito mal, levamos ela para o hospital, e lá descobrimos que, além do Parkinson, ela tinha câncer em estado avançado, com metástase. Passou por cirurgia e começamos o tratamento. Eu achei que não conseguiria enfrentar tudo isso sozinha, mas consegui permanecer de pé. Ela estava orgulhosa de mim, de ver que minha caminhada estava indo bem.

Isso tudo aconteceu há nove anos e eu sou muito grata a Deus porque consegui cuidar dela durante cinco anos. Minha mãe era uma mulher incrível, ou melhor, ela é, porque a sinto viva dentro de mim. Ela faleceu há quatro anos e eu sinto que consegui dar alegria a ela durante o tempo em que estive limpa ao lado dela.

Há nove anos estou limpa, sem usar nada. Retomei meu casamento e há quatro anos descobri que estava grávida do meu segundo filho. Quando saí da casa de recuperação, busquei uma nova profissão e me tornei manicure. Agradeço a todos que, de qualquer forma, estiveram ao meu lado durante o vício. Hoje eu aprendi como lidar com os meus sentimentos, a não buscar subterfúgios e a viver a vida mesmo sabendo que ela é feita de altos e baixos, sendo grata em todo tempo.

Não quero guardar essa história só para mim, e espero que um dia, através da história da minha vida, eu possa motivar pessoas que passam pela mesma situação, e sei que vou ver esse sonho realizado."

Rachel, 37 anos, casada, mãe de dois filhos, manicure

Foi com aperto no coração que li esse depoimento. É difícil constatar como as drogas são maléficas não apenas para o corpo e o emocional do usuário, mas também para todos ao seu redor. Infelizmente, o caso de Rachel nos mostra isso.

E antes de entrarmos especificamente no transtorno, quero compartilhar um aprendizado que tive com o dr. Haddad. Os termos "vício" e "dependência", apesar de comumente serem utilizados para se referir a comportamentos compulsivos relacionados ao uso de substâncias ou de atividades específicas, não são sinônimos. Embora ambos se relacionem a comportamentos compulsivos direcionados a alguma substância ou atividade, a dependência, clinicamente chamada também de adicção, configura uma submissão do indivíduo a esse comportamento. O vício, apesar de ser considerado um mau hábito, não envolve total submissão e incapacidade como a dependência. Desse modo, define-se adicção como um estado de dependência psicológica ou física (ou ambos) de substância ou atividade em padrão compulsivo, apesar do dano substancial causado. É marcada por consequências adversas sociais, ocupacionais, legais ou interpessoais recorrentes e significativas, como ausências repetidas do trabalho ou da escola, dificuldades familiares conjugais e encarceramento. Exatamente como podemos observar no exemplo da Rachel.

As dependências mais comumente observadas se relacionam ao uso abusivo de substâncias, sendo elas lícitas, como tabaco, álcool e remédios, ou não, como cocaína, heroína, maconha, entre outras. No entanto, um indivíduo pode se tornar dependente de uma porção de outras substâncias ou atividades, incluindo alimentos (veja em Transtorno Alimentar, na página 98), exercícios físicos, sexo e telas e internet e, curiosamente, até mesmo relacionamentos e amor.

No geral, os aspectos neurobiológicos da dependência, tanto de substâncias quanto de atividades, são comuns e incluem a presença de compulsão/intoxicação, abstinência/afeto negativo e preocupação/antecipação. De maneira resumida, esses componentes fazem parte de um ciclo de múltiplas neuroadaptações que afetam três principais domínios correspondentes: primeiro, o aumento da saliência (excitação neuronal) do incentivo pela substância ou atividade; em seguida, a diminuição da sinalização em áreas relacionadas aos sistemas de recompensa cerebrais, que significam uma situação de estresse, e, finalmente, o comprometimento das funções executivas observadas em três regiões principais: córtex pré-frontal, amígdala e gânglios da base. A literatura descreve ainda a participação bem estabelecida do neurotransmissor dopamina nos efeitos aditivos de substâncias e atividades.

O dr. Haddad nos explica que a ação da dopamina no cérebro, especialmente em regiões relacionadas ao prazer e ao sistema de recompensa, promove sensação de bem-estar. Em circunstâncias normais, a sinalização de dopamina no córtex pré-frontal ocorre de maneira estável e moderada, entretanto, diante de algumas situações inesperadas, ocorre um aumento transitório e intenso da dopamina, especificamente nas regiões citadas acima. Algumas drogas possuem a capacidade de promover essa liberação de dopamina, mas, a cada administração da substância, a liberação do neurotransmissor é reduzida, uma vez que o elemento surpresa é reduzido. Dessa maneira, o indivíduo passa a ingerir a substância com maior frequência e/ou quantidade, na busca por promover o estímulo prazeroso desse neurotransmissor. Isto é, quanto mais a pessoa usa, mais ela vai precisar continuar usando.

A modulação da liberação da dopamina é observada não apenas por substâncias, mas também por situações, como atividades sociais e de lazer, justificando a razão pela qual essas situações podem ser alvo de um comportamento dependente. Entretanto, ainda não se sabe exatamente por que alguns indivíduos são mais propensos que outros a desenvolver dependência por essas atividades, como jogos e sexo, por exemplo.

A vulnerabilidade à adicção, por ser um problema de saúde pública, que gera impactos sociais e econômicos, é alvo de inúmeras pesquisas ao redor do mundo. São apontados como alguns dos fatores de risco a predisposição genética, mas, principalmente, as condições ambientais. O estresse é um dos grandes responsáveis pela precipitação de transtornos de adicção, uma vez que impacta nos circuitos cerebrais que modulam a motivação e o bem-estar do indivíduo. Assim, perante a busca por situações prazerosas para alívio do estresse, o indivíduo pode se engajar em situações e comportamentos que o levem à dependência.

A Organização Mundial da Saúde estima[77] que, em todo o mundo, cerca de 270 milhões de pessoas (ou 5,5% da população global), com idade entre 15 e 64 anos, utilizaram algum tipo de substância psicoativa no ano anterior, e cerca de 35 milhões de pessoas são dependentes dessas substâncias. É estimado ainda que 500 mil mortes ocorram anualmente pelo uso de drogas, sendo 70% homens e 30% mulheres. Entre os casos mais comumente relacionados à dependência, figuram os transtornos por uso de álcool, diz o dr. Haddad.

O Relatório de Status Global da OMS de 2018 sobre Álcool e Saúde estimou que, em 2016, o consumo de álcool foi responsável por 5,1% da carga global de doenças e lesões, além de ser responsável por aproximadamente 3 milhões de mortes, o que

---

77 RELATÓRIO Mundial sobre Drogas 2019: 35 milhões de pessoas em todo o mundo sofrem de transtornos por uso de drogas, enquanto apenas 1 em cada 7 pessoas recebe tratamento. **UNIODC**. Disponível em: https://www.unodc.org/lpo-brazil/pt/frontpage/2019/06/relatrio-mundial-sobre-drogas-2019_-35-milhes-de-pessoas-em-todo-o-mundo-sofrem-de-transtornos-por-uso-de-drogas--enquanto-apenas-1-em-cada-7-pessoas-recebe-tratamento.html. Acesso em: 23 out. 2023.

equivale a mais de 5% de todas as mortes, mais do que hipertensão e diabetes juntas.[78] Em 2016, os dados indicavam que 2,3 bilhões de pessoas ingeriam álcool frequentemente e que, em todo o mundo, mais de 280 milhões de pessoas acima de 15 anos apresentavam transtorno por uso de álcool (5,1% dos adultos). Os danos gerados pelo abuso de álcool ocorrem em nível de saúde pública, por este estar associado a maior risco de problemas de saúde, incluindo hipertensão, problemas cardiovasculares, transtornos de humor, entre outros, além de afetar a vida particular do indivíduo, podendo gerar problemas nas relações interpessoais, como na família e no trabalho. São observados também danos em nível social, uma vez que o abuso de álcool está fortemente relacionado à ocorrência de acidentes de trânsito, violência urbana e violência doméstica. Estima-se que o ônus econômico em razão do uso de álcool representa mais de 1% do produto interno bruto em países de renda média e alta, e, ainda de acordo com a OMS, prevê-se que o consumo mundial *per capita* de álcool aumente nos próximos dez anos, com um possível aumento na carga de doenças e na mortalidade.

Nos últimos anos, o panorama mundial de abuso de substâncias vem se transformando e alarmando os especialistas, pela presença cada vez mais comum de drogas sintéticas com grande poder aditivo, como opioides, anfetaminas e canabinoides sintéticos. A presença dessas substâncias no mercado global é crescente, observando-se que, entre 2015 e 2017, foram identificadas cerca de 500 novas substâncias e, entre 2016 e 2023, mais de 600 outras foram detectadas. Essas substâncias novas representam um grande risco em termos de saúde pública pelo fato de que apresentam efeitos biológicos e toxicidade desconhecidos, além de representarem um obstáculo em termos de definição de protocolos de tratamento a longo prazo, gerenciamento clínico perante situações de overdose e coleta de dados epidemiológicos.

Ainda que existam algumas ferramentas farmacológicas que auxiliam em alguns tipos de dependência, especialmente aquelas relacionadas ao abuso de substâncias, os médicos reforçam que

---

[78] Organização Mundial da Saúde (OMS). Relatório Global sobre Álcool e Saúde - 2018. Genebra, Suíça.

é crucial ajudar o paciente a entender as causas e os gatilhos envolvidos em seu comportamento dependente. Nesse sentido, as abordagens psicoterapêuticas são uma das principais ferramentas clínicas para o tratamento das dependências. Além disso, uma vez que as dependências estão fortemente associadas a questões socioculturais, as ações de saúde pública em nível de Estado são de fundamental importância.

Acrescento alguns outros dados que encontrei em minha pesquisa a respeito desse assunto. De acordo com um artigo do psicólogo cognitivista Marcelo Parazzi, especializado em transtornos, em fevereiro de 2023, o Brasil apresenta quase 30 milhões de pessoas que têm um dependente químico na família. Segundo a UNODC, a cocaína está entre as substâncias químicas mais consumidas entre os jovens da classe média do Brasil.[79] Hoje, 18% da oferta mundial anual dessa droga é consumida por 2,8 milhões de brasileiros, ou seja, 1,4% da população.

Essa droga causa problemas no corpo e na mente de quem é dependente. Além disso, ela prejudica a segurança e o bem-estar emocional das pessoas próximas ao dependente.

Segundo o Manual Diagnóstico e Estatístico de Transtornos Mentais (DSM-V), uma pessoa pode ser considerada dependente química se apresentar pelo menos dois dos seguintes critérios por um período de pelo menos 12 meses:

1. Usar a substância em quantidades maiores ou por mais tempo do que pretendia.
2. Tentar reduzir ou controlar o uso da substância sem sucesso.
3. Gastar muito tempo buscando, usando ou se recuperando dos efeitos da substância.
4. Sentir um desejo intenso ou necessidade de usar a substância.
5. Usar a substância de forma recorrente, prejudicando suas responsabilidades em casa, no trabalho ou na escola.

---

79 PARAZZI, M. Dependência química: dados apontam 35 milhões de pessoas sofrendo com transtornos. **Marcelo Parazzi**, 16 fev. 2023. Disponível em: https://www.marceloparazzi.com.br/blog/dependencia-quimica-dados-apontam-35-milhoes-de-pessoas-sofrendo-com-transtornos/. Acesso em: 23 out. 2023.

6. Continuar usando a substância, apesar de problemas sociais ou interpessoais causados por ela.
7. Abandonar atividades importantes em decorrência do uso da substância.
8. Usar a substância mesmo em situações perigosas para a saúde.
9. Continuar usando a substância mesmo sabendo dos problemas físicos ou psicológicos que ela causa.
10. Desenvolver tolerância, precisando de mais substância para alcançar o mesmo efeito.
11. Experimentar sintomas de abstinência quando tenta parar de usar a substância.

Esses são sinais de que alguém pode estar enfrentando um problema de dependência química.

É importante salientar que a dependência é uma doença tratável, ainda que incurável, como nos lembram os especialistas nesse assunto, e desmistifica a ideia de ser uma questão moral e de desrespeito às normas sociais.

Agora que passamos pelos principais transtornos, no próximo capítulo vou abordar como podemos fazer quando nos identificamos com esses sintomas ou os identificamos em pessoas próximas. E lembre-se sempre: ter um ou outro sintoma não significa que você ou a pessoa em questão sofra necessariamente do transtorno. Somente um médico especialista pode dar um diagnóstico preciso!

PARTE 3

ENCAIXOU-SE NOS SINTOMAS? CALMA, QUE TEM JEITO!

> O sofrimento é, na verdade, um presente
> muito bem embrulhado.
>
> Gabor Maté[80]

Reconhecer os sintomas (ou desconfiar deles) e buscar ajuda é fundamental. Se você se identificou com algumas situações aqui apresentadas, saiba que, ao abrir esse presente, você está no caminho certo para a cura – como bem afirma o médico e escritor húngaro-canadense Gabor Maté, especialista em traumas causadores de transtornos e doenças mentais.

Eu não tenho dúvida disso. Se não esmorecermos diante do problema e buscarmos compreender as causas, entendendo a nós mesmos, isso será parte do caminho andado; mas você se conhece o suficiente? Sabe o que é autoconhecimento? É um recurso fundamental para notarmos que algo está desregulado conosco. Conhecer nossas emoções, nossos temores, nossos limites e nossas habilidades é fundamental para mantermos tanto a saúde física quanto a psicológica. Eu reforço demais a importância do autoconhecimento, pois, pessoalmente, dedico-me a fazer mergulhos internos profundos e posso afirmar que isso tem transformado minha vida desde 2009, quando iniciei esta jornada.

Conhecer a si mesmo é, na minha opinião, a maior e mais importante ferramenta para alcançar sonhos, descobrir o que move você e o que o trava, ter clareza de aonde quer chegar, das escolhas conscientes e das renúncias.

Existe um caldeirão enorme de vivências, traumas que podem nos acompanhar desde a mais tenra idade, sentimentos, emoções, desejos, medos, inseguranças, fraquezas. São tantos os elementos que compõem nossa história, afetam nosso modo de viver e podem impactar nossa saúde mental.

---

80 SABEDORIA do trauma. Direção: Maurizio Benazzo e Zaya Benazzo. Estados Unidos, 2021. (87 min.)

O ser humano é tão incrivelmente maravilhoso e complexo, que, mesmo que se dedique ao autoconhecimento ao longo de toda a vida, pode vir a não se conhecer plenamente.

Diante de todo esse caldeirão e cientes de que o mundo está insano – como vimos na parte 1 deste livro –, estamos vulneráveis a desenvolver transtornos mentais. Alguns transtornos são mais graves e podem se tornar doenças crônicas, se não soubermos identificar o que está "doendo" ou nos "enfraquecendo"; nessa hipótese, precisamos de ajuda de psicoterapia e/ou médica, que, em muitos casos, devem andar de mãos dadas. Apenas um profissional qualificado poderá dizer o que se faz necessário em termos de tratamento e quais profissionais devem conduzir esse tratamento.

Esse processo de autoconhecimento machuca, eu sei. Lidar com a dor não é fácil, seja ela do corpo, seja da mente, seja do espírito. No entanto, apenas enfrentando medos e inseguranças – sempre com a ajuda e um profissional qualificado, é claro – é possível trilhar o caminho da cura. Uma coisa eu garanto a você: há tratamento para o seu problema. E vamos falar disso já!

6— BUSCAR AJUDA PROFISSIONAL

> O indivíduo saudável e forte é aquele que pede ajuda quando precisa. Quer ele tenha um abscesso no joelho ou na alma.
>
> Rona Barrett[81]

Dita por uma senhora estadunidense, presidente de uma fundação – que tem o nome dela – que cuida de idosos necessitados, essa frase aparentemente não tem muita importância ou pode até passar despercebida por muitas pessoas. Para mim, no entanto, embora pareça simples, ela traz uma reflexão muito importante, verdadeira e necessária: se buscamos ajuda quando sentimos uma dor física (e muitas vezes visível), por que não fazemos o mesmo no caso de um problema psíquico, uma dor que não vemos, mas sentimos?

Como já vimos, o autoconhecimento é primordial; e tão importante quanto identificar o problema é saber onde acessar a ajuda especializada. Não é simples, os transtornos assumem diversas formas, podem desencadear outros transtornos, e o processo de diagnóstico e tratamento é complexo. Não dá, por exemplo, para colocar tudo somente na conta do estresse. É claro que ele é importante fator desencadeador de doenças psiquiátricas, mas não é o único.

Lembra-se do caso de Ricardo Fonseca, que nos deu o depoimento sobre estresse por causa do trabalho? Pois então, ele nos contou como começou sua busca por uma saída para o seu caso:

> Com o apoio incondicional de minha família, comecei a traçar uma nova rota para minha vida. Reduzi minha carga de trabalho, aprendi a delegar tarefas e a confiar mais na equipe que tinha ao meu lado. Também passei a praticar meditação e exercícios físicos regularmente, o que me ajudou a encontrar momentos de paz e a recarregar minhas energias. Mas a

---

81 BARRETT, R. In: 137 frases sobre saúde mental que vão abrir sua mente. **Luana Nodari**. Disponível em: https://psicologaluananodari.com.br/39-frases-sobre-saude-mental-que-vao-abrir-sua-mente/. Acesso em: 23 out. 2023.

ajuda de um psicólogo, com quem pude compartilhar minhas angústias e inseguranças relacionadas ao trabalho, foi o que me permitiu desenvolver uma melhor inteligência emocional e encontrar maneiras saudáveis de lidar com as pressões do ambiente corporativo. Hoje, sou grato por aquela crise de estresse que, apesar de assustadora, foi o ponto de virada em minha vida. Aprendi que minha saúde e felicidade devem sempre estar em primeiro lugar e que não há conquista profissional que justifique sacrificar meu bem-estar e o da minha família.

Outro depoimento importante sobre o tratamento de um transtorno aparentemente comum é o de Tânia Regina Vieira, que sofria de insônia. Veja o percurso dela:

Diante do meu problema, um médico me oferecia calmantes. E, durante um período, me fizeram bem, porque me permitiram dormir um pouco mais, o que me parecia um luxo. Mas, com o passar do tempo, os remédios foram perdendo o efeito, e voltei às minhas noites olhando para o teto, o que me levou até mesmo a abdicar da minha cama de casal, passando a dormir em camas separadas, eu e meu marido. Ao me aposentar, há um ano e meio, comecei a buscar soluções profundas para o meu problema e um amigo me recomendou um profissional médico especialista do sono. Com ele, aprendi a reverenciar uma coisa que se chama 'higiene do sono'. A higiene do sono consiste em adotar costumes benéficos para nosso descanso: deitar-se e levantar sempre na mesma hora, não ficar até muito tarde na frente da televisão ou do celular, jantar com leveza duas horas antes de deitar, reduzir o consumo de cafeína, praticar técnicas de relaxamento como ioga, exercitar a memória... Parece muito complicado? Eu, desde que sigo essas normas, estou dormindo melhor e como nunca. No meu caso, em particular, a insônia se devia à minha incapacidade de me adaptar à mudança de turno no trabalho. Mas agora sei que a causa da insônia é diferente em cada pessoa. De fato, quase sempre a insônia vem acompanhada de alguma mudança brusca ou alguma preocupação em nosso dia a dia. Há quem necessite de outros tipos de tratamento médico ou psicológico específico, mas, no meu caso, minhas mudanças de hábito foram suficientes, e ajuda médica e profissional para isso foi fundamental.

Sem dúvida, quanto mais cedo se tem o diagnóstico e se encontra a ajuda profissional, melhores resultados e mais qualidade de vida poderão ser alcançados. Entretanto, nem sempre é assim. Recentemente ficamos sabendo do caso da atriz Letícia Sabatella, que, aos 52 anos, foi diagnosticada com autismo leve. Mesmo tendo sido diagnosticada tardiamente, a atriz se disse aliviada. "O diagnóstico traz alívio para quem passa a vida se achando diferente e incompreendida",[82] afirmou.

A dificuldade em diagnosticar passa pela falta de acesso a consultas médicas e, também aí, acaba afetando mais severamente determinados segmentos. E se há dificuldades em diagnosticar, há igualmente para o tratamento. Um levantamento realizado com 2,5 mil crianças, com idades entre 6 e 12 anos, de escolas públicas de Porto Alegre e São Paulo apontou que 652 foram diagnosticadas com pelo menos um tipo de transtorno mental (ansiedade, déficit de atenção, fobias, hiperatividade etc.). Dessas, 80% não recebe nenhum tipo de tratamento médico ou psicológico. O recorte por etnia aponta que crianças mestiças têm maior tendência de não ter acesso ao tratamento médico (87,8%) em comparação com brancas (77,4%) e negras (86%).[83]

Além das dificuldades de acesso, a população mais carente ainda enfrenta o tabu em torno das doenças psicológicas, sobretudo em razão da falta de conhecimento. A visão da depressão como "frescura" ainda é algo bem presente na vida de muitas pessoas que sofrem com a doença e com o preconceito, muitas vezes levando-as a adiar a busca por ajuda profissional.[84]

---

82 LETÍCIA Sabatella: atriz é diagnosticada com autismo leve; conheça os níveis do TEA. **O Globo**, 18 set. 2023. Disponível em: https://oglobo.globo.com/saude/noticia/2023/09/18/leticia-sabatella-atriz-e-diagnosticada-com-autismo-leve-conheca-os-niveis-do-tea.ghtml. Acesso em: 19 set. 2023.

83 PESQUISA demonstra que falta tratamento para criança de escola pública com transtorno mental. **EcoDebate**. Disponível em: https://www.ecodebate.com.br/2019/03/18/pesquisa-demonstra-que-falta-tratamento-para-crianca-de-escola-publica-com-transtorno-mental/. Acesso em: 24 out. 2023.

84 MARQUES, T.; DI GIACOMO, F. O estigma enfrentado nas periferias pelas pessoas com depressão: 'Pobre não pode se dar ao luxo de não sair da cama'. **BBC**, 15 jul. 2028. Disponível em: https://www.bbc.com/portuguese/geral-44400381. Acesso em: 19 set. 2023.

Quase no caminho inverso ao do tabu, mas igualmente prejudicial ao diagnóstico e ao tratamento, está o que podemos chamar de banalização. Valéria Barbieri, professora do Departamento de Psicologia da Faculdade de Filosofia, Ciências e Letras de Ribeirão Preto (FFCLRP) da USP, alerta que encarar as experiências próprias ou de outras pessoas que enfrentam doenças mentais como algo comum e trivial equivale a minimizar a gravidade desses transtornos. Um exemplo corriqueiro disso é quando alguém que está momentaneamente triste afirma estar "com depressão". Essas situações, segundo a professora, alimentam a falta de conhecimento e o preconceito em relação aos distúrbios mentais.[85]

Valéria explica que a banalização dos transtornos mentais é uma forma que a população encontra de incorporar o conhecimento produzido sobre o assunto. "Embora o acesso à informação sobre o tema seja benéfico, há o perigo de se esvaziar o significado do diagnóstico dos transtornos", avalia a professora ao apontar o lado negativo de tornar banal esse conhecimento.

Falta de autoconhecimento, dificuldade de acesso, tabu e banalização são apenas alguns obstáculos que atrasam o diagnóstico, dificultam o tratamento e aprisionam milhares e milhares de pessoas no sofrimento, adiando a chance de uma vida diferente.

Essa foi exatamente a situação vivenciada por João e Morena, cujas histórias compartilho aqui com você. O nome de ambos é fictício, mas seus relatos são bastante reais.

João tem 40 anos, é bancário e tinha sido promovido havia cerca de três anos para uma nova posição de gestão de equipe com uma carga pesada de cobranças. Com um perfil perfeccionista, ansioso, obsessivo e com pouco suporte da empresa, João sofria demais com as cobranças e sentia-se frustrado com o trabalho.

Com o tempo, a frustração gerou desânimo e ansiedade, e João começou a desenvolver o que os psiquiatras chamam de ansiedade antecipatória, ou seja, sentia receio de ir para o trabalho. Sim, bastava aparecer qualquer estímulo relacionado ao trabalho que João passava mal.

---

[85] PIERRI, V. Banalização das doenças mentais dificulta diagnóstico e tratamento. **Jornal da USP**, 12 fev. 2021. Disponível em: https://jornal.usp.br/atualidades/banalizacao-das-doencas-mentais-dificulta-diagnostico-e-tratamento/. Acesso em: 19 set. 2023.

A situação foi se agravando, ele começou a ter insônia e não conseguia pegar no sono, pensando na empresa, no trabalho, na pressão. Para diminuir a ansiedade, relaxar e tentar dormir, João recorreu ao álcool, o que gerou dependência da bebida e, consequentemente, prejuízo de concentração, falta de energia, desânimo...

Um dia, em pleno ambiente de trabalho, diante de toda a equipe, João começou a suar, teve taquicardia, sensação de desmaio e achou que estivesse infartando ou tendo um AVC. Pediu ajuda! E os colegas levaram-no para um hospital. Foi somente então que, orientado pela empresa, foi procurar ajuda profissional.

O que João viveu não é diferente do que ocorre com muitos homens. Em meio a uma cultura machista, que prega que homens não demonstram fraquezas, não choram e dão conta de tudo, eles tendem a se tratar menos e a serem mais vítimas de suicídio. Segundo a OMS, 78% dos casos de autoextermínio, em 2019, tiveram homens como vítimas.[86]

João foi finalmente diagnosticado com transtorno de adaptação, com sintomas ansiosos relacionados ao trabalho. Em outras palavras, síndrome de burnout. Com a psicoterapia semanal, da linha comportamental, e a medicação ansiolítica, que o protegeu um pouco de sentir esse excesso de ansiedade do meio, João teve uma melhora muito importante. Ele foi readaptado, retornou à empresa em outra área e conseguiu se desenvolver muito bem com esse suporte psicológico e psiquiátrico.

Nosso outro relato é o de Morena, 35 anos, cantora e atriz. Morena sofreu a vida toda, enfrentando desde criança dificuldades na escola com a falta de concentração e foco. Ela não sabia identificar o que era prioridade nas tarefas, então se confundia e sempre ficava de recuperação, acabando o Ensino Médio por meio de um curso supletivo.

E o pior, era considerada uma pessoa preguiçosa, sempre comparada com os outros, e não tinha apoio da família. Muito julgada, acabou desenvolvendo uma autoestima muito baixa. Muito criativa e com

---

86 KNOBLAUCH, G.; EXPÓSITO, N. Homens estão entre as principais vítimas de suicídio. **Assembleia Legislativa do Espírito Santo**, 21 set. 2022. Disponível em: https://www.al.es.gov.br/Noticia/2022/09/43634/homens-estao-entre-as-principais-vitimas-de-suicidio.html. Acesso em: 19 set. 2023.

facilidade para a música, ela se dedicou a cantar e atuar, chegando a participar de grupos musicais e teatrais. No entanto, mesmo na área da Arte, de que ela tanto gostava, nunca conseguiu concluir o ensino superior. Morena continuava com muita dificuldade de planejamento: começar e conseguir terminar alguma coisa.

A vida da atriz começou a mudar quando outro "ator" entrou em cena – seu filho, Cauã, aos 6 anos. Acompanhando o filho em visitas ao psiquiatra infantil, Morena recebeu o diagnóstico: "Seu filho tem do Transtorno do Déficit de Atenção com Hiperatividade (TDAH)". E, à medida que o médico relatava os principais sintomas, ela ia se identificando.

Morena só descobriu o que de fato tinha quando prestou atenção ao filho. Para si própria, ela tinha incorporado e assumido a ideia de que era incompetente e nunca conseguiria ser alguém na vida. Diagnosticada, fez um tratamento com psiquiatra, utilizando medicações voltadas para o déficit de atenção. Com grande melhora de foco e de organização, começou um curso de Design e já faz planos para o futuro!

E o mais importante: aprendeu a se aceitar e foi melhorando a autoestima. Ao entender que tinha uma doença de neurodesenvolvimento que não havia sido diagnosticada, percebeu que aquele perfil comportamental antigo não era dela. E, com o tratamento e o passar dos dias, aprendeu a diferenciar quem era ela e o que era a doença.

Quando começou a se tratar, a única tristeza que Morena tinha era pensar por que não havia sido diagnosticada antes. Ficava pensando em tudo o que ela podia ter sido, tudo o que ela poderia ter realizado, quem até mesmo ela poderia ter sido, se tivesse sido diagnosticada e feito o tratamento mais cedo. Aos poucos, porém, entendeu que o importante é o presente e o daqui para a frente. E agora, diagnosticada e tratada, Morena sabe que tem muito para conquistar!

Poderia continuar citando outros tantos exemplos de tratamento com ajuda profissional aqui, mas penso que o melhor para conduzir a nossa conversa será dividir com você minha pesquisa sobre os cuidados que devemos ter com nosso corpo, com nossa mente e com nossa espiritualidade, sem nos esquecermos de que é essencial também ter uma rede de apoio.

Sigamos em frente!

Conhecer nossas emoções, nossos temores, NOSSOS LIMITES e nossas habilidades é FUNDAMENTAL para mantermos tanto a saúde física quanto a PSICOLÓGICA.

@respallicci

7— CUIDAR DO CORPO

> O corpo sabe tudo. Nós sabemos muito pouco. A intuição é a inteligência do corpo.
>
> Fritz Perls[87]

Posso falar com propriedade sobre esse tema. Afinal, cuido do meu corpo com muita responsabilidade e prazer. Cuidar do corpo, aliás, é o que tenho feito há alguns anos... e, ao longo do tempo e com a prática do fisiculturismo como atleta profissional, aprendi a ouvir e respeitar os sinais do meu corpo.

Agora mesmo, há poucos dias, enquanto escrevia este livro, senti meu corpo avisar: "Algo não está legal". Há alguns anos, provavelmente não lhe teria dados ouvidos... mas hoje reconheço a verdade contida nas palavras do psiquiatra e psicoterapeuta Frederick Salomon Perls, as quais fiz questão de registrar acima.

Assim, com o corpo mandando avisos, logo procurei um médico e insisti para que investigasse. Com uma bateria sem fim de exames, a equipe médica me "virou do avesso", até que um tumor maligno foi finalmente diagnosticado em meu intestino. Fui internada imediatamente, na mesma semana passei por uma cirurgia e, poucos dias depois, aqui estou eu de volta... e curada!

Posso dizer, sem medo de errar: a intuição, que é "inteligência do corpo", salvou minha vida. O diagnóstico precoce do câncer tornou possível a cura apenas com cirurgia e retirada de uma parte pequena do intestino para verificar se o tumor não havia se alastrado. Após as biopsias pudemos constatar que apenas a cirurgia me curou! Se eu já cuidava do meu corpo e dava atenção aos sinais, agora também sou uma embaixadora da prevenção e prova viva de que o diagnóstico precoce pode curar!

---

87 PERLS, F. *In:* As 35 melhores frases de Fritz Perls. **A mente é maravilhosa**. Disponível em: https://amenteemaravilhosa.com.br/35-melhores-frases-de-fritz-perls/. Acesso em: 23 out. 2023.

Não tenho dúvidas: mente e corpo não estão separados, não podem viver de forma isolada. Aliás, o que me fascina no fisiculturismo, por exemplo, não são os resultados físicos, mas, exatamente, o desenvolvimento da força mental que esse esporte proporciona. Muita gente pensa que o prazer está em aumentar os pesos em uma competição porque descobrimos nossos limites, outros imaginam que o prazer está em ver o corpo cada vez mais definido, mas posso garantir: nesse esporte, em que o corpo parece ser o protagonista, o que realmente faz a diferença é a mente. Afinal, é ela quem comanda e determina nosso sucesso! (Assunto que vamos abordar mais a fundo já, já!)

A maioria das pessoas deseja ter o corpo dos sonhos. Quem está um pouquinho acima do peso, em geral, quer emagrecer, quem está magro quer ganhar massa, quem está ganhando massa quer definir, e assim por diante. No entanto, além de querer, é preciso, sobretudo, ter disciplina para mudar hábitos e fazer sacrifícios em busca do seu objetivo final. Sei bem do que estou falando. Eu era uma adolescente gordinha que sofria bullying, cheia de complexos; porém, com muita determinação, foco e trabalho duro, alcancei o padrão com o qual eu sonhava e me tornei uma atleta profissional de fisiculturismo.

O primeiro grande segredo para a transformação é se amar do jeito que você é. É isso mesmo! É claro que você quer mais para o seu corpo, mas, se não se aceitar da forma como é agora, vai buscar um ideal sempre inatingível e, principalmente, vai se autocolocar uma pressão por essa mudança que não vai ajudá-lo em nada nessa jornada!

Como atleta profissional, tive o corpo dos sonhos em algumas das minhas competições, mas nos 11 dias que passei no hospital para essa recente cirurgia do câncer no estômago, devido aos dias de soro e medicações, fiquei muito inchada, muito mesmo, e foi naquele precioso momento de vulnerabilidade e reflexão que pude sentir com profundidade o poder de se amar, amar a vida e ser grato pelo que se tem.

Você está acima do peso e quer emagrecer? Ótimo, procure um profissional qualificado, modifique sua alimentação, dê duro na academia, mas sempre com amor-próprio e sabendo que essas transformações são algo que podem, sim, fazê-lo se sentir melhor, mas que, se você não se amar desde o princípio, nada do que possa fazer vai mudar isso. Eu acredito, de verdade, que ninguém nunca vai conseguir alcançar um corpo dos sonhos e mantê-lo até que aprenda a amar a si mesmo, com suas gordurinhas, imperfeições e tudo mais. Se a sua busca por um "corpo perfeito" for alimentada por vibração mental negativa e aversão a si mesmo, esse processo será quase uma tortura ou uma forma de punição.

Pense comigo! Você está em um dia ruim, com problemas no trabalho, ou seja lá o que for. Aí, você vai para a geladeira e pega um pote de sorvete. Por alguns momentos, o sabor doce e a sensação gelada da guloseima são um alívio, mas enquanto o sorvete derrete em sua boca, você começa a se repreender e pensa: *Você é um perdedor. Você não tem força de vontade. Eu não posso acreditar que você está tomando sorvete. Você não tem disciplina nem para seguir uma dieta mesmo! Vai ser gordo para o resto de sua vida...*

Caramba! Pensando assim, não me admira que você esteja tendo problemas para perder peso ou alcançar os seus resultados. Se você não acreditar em si mesmo e não tiver uma postura amorosa em relação ao seu corpo, nenhum esforço valerá a pena. Será como investir dinheiro em um negócio fadado ao fracasso. Agindo assim, ainda que você alcance o corpo com que sonhou, quando chegar lá, vai descobrir que, mesmo com o peso e a forma que julgava ideais, você não se gosta. E, quando tiver problemas no seu dia a dia novamente, é certo que vai pegar o pote de sorvete e se acabar nele e, com o tempo, todo o esforço será jogado por água abaixo, e você voltará a ter sobrepeso.

Portanto, antes de tudo, ame o seu corpo e procure ajuda psicológica, caso seja incapaz de convencer sua mente sobre isso.

A IMPORTÂNCIA DO EXERCÍCIO FÍSICO PARA A MENTE

Cuidar do corpo não é somente pensar em uma alimentação saudável! Mas a prática de exercícios regularmente é ponto essencial nessa equação.

Inúmeros estudos mostram que o exercício físico é um recurso eficaz também no tratamento da depressão. Inicialmente, os estudos apontavam que exercícios aeróbicos (como correr, andar de bicicleta e nadar) eram os melhores por, comprovadamente, liberarem endorfina, mas novas pesquisas sugerem que o treinamento de força também traz benefícios de bem-estar semelhantes.

De acordo com uma revisão de testes clínicos anteriores, os exercícios de força, como fazer flexões ou musculação com aparelhos, podem ajudar a reduzir significativamente os sintomas da depressão.

Segundo a revisão, publicada na *JAMA Psychiatry*, pesquisadores da Universidade de Limerick, na Irlanda,[88] analisaram os resultados de 33 experimentos, incluindo testes para depressão, antes e depois da quantidade necessária de treinamento. Observou-se que os participantes que realizam treinamentos de força algumas vezes por semana ou diariamente reduziram significativamente os sintomas de depressão. Aqueles com "depressão leve a moderada" tiveram substanciais melhorias, de acordo com Brett Gordon, pesquisador de pós-graduação e principal autor do estudo.

Outro fator essencial do esporte como auxiliar no tratamento da depressão é seu componente social. A prática de atividades físicas pode ser benéfica ao paciente com transtornos mentais, justamente por ajudá-lo a se socializar.[89]

Antes de começar um programa de exercícios, é essencial que você se faça algumas perguntas, como:

► De que atividades físicas eu gosto?
► Prefiro atividades em grupo ou individuais?
► Quais são os programas que se encaixam melhor na minha agenda?
► Tenho condições físicas que limitam minha escolha de exercício?

---

88 DEPRESSÃO: conheça o melhor exercício para aliviar os sintomas da doença. **Veja,** 11 maio 2018. Disponível em: https://veja.abril.com.br/saude/depressao-conheca-o-melhor-exercicio-para-aliviar-os-sintomas-da-doenca. Acesso em: 20 set. 2023.

89 BANDEIRA, D. Depressão e esporte: entre a causa e a cura. **Jornal do Campus,** 7 out. 2019. Disponível em: http://www.jornaldocampus.usp.br/index.php/2019/10/depressao-e-esporte-entre-a-causa-e-a-cura-parte-1/. Acesso em: 20 set. 2023.

▶ Que objetivos tenho em mente? (Por exemplo: perda de peso, fortalecimento muscular, melhoria da flexibilidade ou melhoria do humor.)

Respondidas essas perguntas, escolha uma atividade de que você goste. Afinal, a prática do exercício deve ser algo divertido.

Depois de escolher, procure um profissional de educação física e coloque a rotina de exercícios em sua programação diária, tratando-a como prioridade. Lembre-se de que a variedade é o tempero da vida, por isso, certifique-se de diversificar seus exercícios para não ficar entediado.

Os especialistas recomendam pelo menos 150 a 300 minutos de atividade física de moderada intensidade por semana. Mas, se você anda um pouco sedentário, o mais importante é começar. Inicie com um programa diário de 20 minutos e vá aumentando, conforme o seu desenvolvimento[90] e, é claro, seguindo as orientações de profissionais qualificados.

Cuidar do corpo não se resume aos exercícios físicos. Ter um tempo semanal para que possa promover o autocuidado também é essencial para um estilo de vida mais saudável e para manter a mente sã. Caminhadas ao ar livre, mesmo que descompromissadas da questão do exercício físico, em conexão com a natureza, momentos para fazer algo que ama, estar com quem gosta podem ser excelentes oportunidades de dar aquela pausa tão importante para o dia a dia insano nesse mundo caótico!

Outra questão vital no cuidado com o corpo é a alimentação! Você certamente já ouviu dizer que somos aquilo que comemos e isso é realmente algo verdadeiro! Independentemente de ter ou não um transtorno mental, uma dieta balanceada pode ser um fator determinante para melhorar a relação com o mundo estressante e maluco em que vivemos.

A nutrição com foco no combate ao cansaço gira em torno de priorizar alimentos que aumentam a energia. E isso não quer dizer barras energéticas e bebidas de liberação rápida que os atletas usam durante as competições. Refiro-me aos alimentos que fazem parte de uma dieta balanceada e fornecem um valor

---

90 Diretrizes da OMS para atividade física e comportamento sedentário, *op. cit.*

nutricional ideal para apoiar funções corporais, melhorar a saúde emocional e física, além de promover o bem-estar geral. Um equilíbrio saudável de todos os principais grupos alimentares – alimentos ricos em amido, porções de frutas e vegetais, laticínios e proteínas – é considerado essencial para ajudar a combater o cansaço a longo prazo.

De acordo com nutricionistas, comer em horários regulares também é considerado um fator no combate ao cansaço, pois ajuda a manter os níveis de açúcar no sangue estáveis por períodos mais longos evitando a fadiga. O rápido aumento de energia liberado por uma barra de chocolate ou outro doce açucarado pode nos satisfazer no curto prazo, mas o aumento dos níveis de açúcar no sangue diminui rapidamente, o que resulta em nos sentirmos ainda mais cansados. Eu sou prova disso! Tenho uma alimentação super-regrada, ando de lancheira para lá e para cá; obviamente não precisamos de extremismos, mas comprovei por meio da vivência que o corpo gosta de rotina.

Por isso, o ideal é nunca pular uma refeição e consumir amidos que queimam lentamente, como aveia, pães integrais, arroz, massas e cereais matinais, para fornecer uma lenta e gradual liberação de energia, bem como uma boa dose de nutrientes e minerais.

ATENÇÃO! EXERCÍCIOS AJUDAM, MAS NÃO CURAM OS SINTOMAS

Para a maioria dos médicos psiquiatras, os exercícios são essenciais para ajudar a amenizar os sintomas da depressão.[91]

Muitos transtornos, como já vimos, manifestam-se fisicamente, causando distúrbios do sono, redução de energia, alterações no apetite, dores no corpo e aumento da percepção da dor, o que pode resultar em menos motivação para o exercício. É um ciclo difícil de quebrar, por isso introduzir os exercícios como um auxiliar no tratamento é tão importante!

---

91 DEPRESSÃO: sintomas, causas e tratamentos. **Rede Mais Saúde**. Disponível em: https://www.redemaisaude.com.br/25/noticias. Acesso em: 20 set. 2023.

Mas os especialistas são unânimes em afirmar que esse é um tratamento de longo prazo e multidisciplinar. Associar exercícios e nutrição como coadjuvantes à psicoterapia e aos medicamentos, quando indicados pelos médicos, é fundamental.[92, 93]

Falei a respeito de aceitação, um princípio básico para quem já sabe um pouco, pelo menos, acerca do poder da mente sobre o corpo. Aqui vai entrar a tal da força de vontade também. Perceba: a mente deve comandar o que a sua vontade está pedindo, por isso a palavra força vem antes da palavra vontade: ter força de vontade é tudo de bom!

Precisamos cuidar da mente, afinal é ela quem comanda o corpo. E nosso próximo capítulo vai ser dedicado a esse cuidado tão especial!

---

92 MONTEIRO, L. Positividade tóxica: emoções construtivas e destrutivas. **Estado de Minas, Saúde e Bem Viver**, 30 maio 2021. Disponível em: https://www. em.com.br/app/noticia/bem-viver/2021/05/30/interna_bem_viver,1270561/ positividade-toxica-emocoes-construtivas-e-destrutivas.shtml. Acesso em: 23 set. 2023.

93 MERTZ, D. Emoções tóxicas. **LinkedIn**, 16 out. 2022. Disponível em: https:// www.linkedin.com/pulse/emo%C3%A7%C3%B5es-t%C3%B3xicas-daniela-mertz/?trk=article-ssr-frontend-pulse_more-articles_related-content-card&originalSubdomain=pt. Acesso em: 23 set. 2023.

8— CUIDAR DA MENTE

> # A mente é apenas um pequeno aspecto da sua consciência.
>
> Eckhart Tolle[94]

Quantas vezes você já ouviu, leu ou até mesmo deu conselhos sobre cuidados com a mente? Vivemos fazendo isso, mesmo sem perceber. Só o fato de você dizer para alguém "Ah, não pense nisso!" ou "Tire isso da sua cabeça!" já está, de algum modo, dando conselhos para aquela pessoa não se deixar abater por algum incômodo mental. Embora as intenções desses conselhos sejam as melhores, precisamos ter cuidado ao dizê-los – nem sempre estaremos, de fato, ajudando o outro, que pode se sentir cobrado ou mesmo julgado. Quer ver como isso acontece?

Pense na seguinte lista com recomendações para a melhoria da saúde mental:

1. Adote uma alimentação saudável.
2. Faça terapia com profissional.
3. Invista na qualidade do seu sono.
4. Pratique exercícios físicos.
5. Saiba escolher com quem se relaciona.
6. Pratique o amor-próprio.
7. Reserve um tempo para meditar.

Pois bem. Seja sincero agora: quais dessas recomendações – bem comuns, eu diria – você consegue realmente adotar no seu dia a dia? Aposto que nem todas, não é mesmo?

Viu? É difícil partir para a ação. Uma coisa é saber que algo é bom para você, outra, bem diferente, é colocar isso tudo em prática.

A pessoa com transtorno psiquiátrico sente falta de um ou mais itens dessa lista, em geral. Por isso, é importante refletirmos sobre isso e nos conscientizarmos e, assim, de fato, exercermos o autocuidado.

---

94 TOLLE, E. **O poder do silêncio**. Rio de Janeiro: Sextante, 2016.

VAMOS TENTAR UM EXERCÍCIO: PENSAR SOBRE O PENSAMENTO

Eckhart Tolle, o pesquisador e pensador alemão citado na abertura deste capítulo, trata de alguns condicionamentos mentais que nos aprisionam em uma existência de dor e insatisfação. Em seu livro *Um novo mundo*,[95] ele nos ensina que podemos nos guiar para alcançar a paz de espírito, a convivência em harmonia e a felicidade. Segundo o autor:

> O grau de identificação com a mente difere de indivíduo para indivíduo. Algumas pessoas desfrutam de períodos em que se encontram libertas do domínio da mente, ainda que brevemente. A paz, a alegria e o ânimo que elas experimentam nesses momentos fazem a vida valer a pena. Essas também são as ocasiões em que a criatividade, o amor e a compaixão se manifestam. Outras pessoas se mantêm presas ao estado egoico de modo contínuo. Permanecem alienadas de si mesmas [...] A maior parte da sua atenção está sendo absorvida pelo pensamento [...] Elas não estão presentes em nenhuma situação – sua atenção está ou no passado ou no futuro que, é claro, são formas de pensamento que existem somente na mente".

E, você, consegue perceber se neste momento sua mente está no passado ou no futuro? Ou, ainda, se está sentindo uma emoção positiva ou negativa? É fundamental saber identificar suas emoções, principalmente as negativas, que são tóxicas e desorganizam nosso corpo, como o medo, a ansiedade, a raiva, o ressentimento, a tristeza, o rancor ou o desgosto intenso, o ciúme, a inveja. Tudo isso perturba o fluxo de energia pelo corpo, afeta o coração, o sistema imunológico, a digestão, a produção de hormônios etc.[96]

---

[95] TOLLE, E. **Um novo mundo**: o despertar de uma nova consciência. Rio de Janeiro: Sextante, 2007.

[96] MONTEIRO, L. *op. cit.*

Para identificar suas emoções e reagir de modo positivo, é preciso ter consciência e estar alinhado com o momento presente, entendendo o que se está vivendo (e aí, não importa se estamos vivendo uma dor, um prazer, uma alegria e até uma saudade...). Essa atitude nos trará uma nova percepção da realidade, muito mais pura, profunda e poderosa.

Imagine-se em um dia daqueles! Tudo deu errado desde o momento em que você despertou. Você acordou tarde, seu filho derramou leite no uniforme limpinho minutos antes de saírem para a escola, o trânsito estava caótico, assim que chegou ao trabalho você recebeu uma cobrança do seu chefe por algo que não era da sua responsabilidade... enfim, é um daqueles dias em que você sente que nem deveria ter saído da cama. Acontece que, no meio desse dia caótico, aquele estagiário bonzinho, querido, mas totalmente inexperiente, vem com uma pergunta meio sem noção! Você vai respondê-la com toda a carga negativa que acumulou no seu dia ou se concentrará no presente, lembrará que ele é, sim, inexperiente (afinal é estagiário) e não tem nada a ver com seu dia difícil? Você bem sabe qual é a resposta certa, não é mesmo? Esse é um processo que precisamos treinar para conseguir esse ponto de desconexão com as emoções!

Calma, então. Respirando devagar, leia de novo o parágrafo anterior. Isso faz parte do exercício, ok? Tente.

Conseguiu? Ótimo, continuemos, então!

MANTENHA-SE CONSCIENTE E ATENTO

Tudo é resultado do que pensamos. Sempre que mergulhamos em pensamentos compulsivos, negativos e repetitivos estamos fora do presente. Quando isso acontecer, volte a se concentrar em sua respiração. Isso não é segredo, é prática básica e simples na ioga, na meditação e em alguns ensinamentos espirituais que não têm nada a ver com dogmas religiosos.

Isso mesmo: inspire, expire, mas de maneira consciente. Isso é respirar. E respirar já nos traz para o presente. Não sabe como respirar corretamente para se acalmar? Aqui vão algumas técnicas que podem ajudar você!

CUIDAR DA MENTE | 139

Técnica 1

1. Sente-se em posição ereta. Pode ser no chão ou em uma cadeira.
2. "Puxe" o ar pelo nariz, de forma lenta e profunda. Na hora de expirar, faça um biquinho com a boca, isso diminui o atrito dos dentes e da língua para a saída do ar e faz com que a respiração seja mais harmônica. Repita dez vezes.

Técnica 2

1. Sente-se com as costas eretas ou deite-se.
2. Coloque as mãos sobre a barriga.
3. Respire devagar, aumentando a barriga, e conte até cinco.
4. Dê uma pausa de dois segundos.
5. Expire o ar lentamente contando até seis.
6. Pratique esse padrão de dez a vinte minutos por dia.

Técnica 3

1. Com a ajuda do dedo indicador tampe a narina esquerda e inspire pela outra narina (contando até cinco).
2. Na sequência, a narina que "puxou" o ar deve ser usada para "soltá-lo".
3. Repita o procedimento cinco vezes.

Eckhart Tolle afirma que: "Mesmo nas horas mais ansiosas, mais confusas e perturbadoras, é necessário estar relaxado e em paz com a falta de entendimento, é assim que as respostas chegam".[97] Então, respire devagar, centre-se e relaxe, focando o hoje, sem permitir que sua mente entre em uma espiral de pensamentos negativos.

Quando nos conta sobre seu tratamento de ansiedade, Paulo Roberto Soares (aquele torcedor tricolor apaixonado pelo time que teve uma crise em pleno estádio, lembra?) nos remete exatamente a essa mesma dica preciosa:

> Além de frequentar as sessões de terapia regularmente, aprendi técnicas de respiração para controlar as crises e comecei um trabalho de acalmar a minha mente e identificar padrões de pensamento

---

[97] TOLLE, E. *op. cit.*

negativos. Gradualmente, fui me tornando mais consciente das minhas emoções e pensamentos, desenvolvendo habilidades para lidar com as situações estressantes da vida cotidiana.

Tânia Regina, ao relatar seu tratamento de insônia, também nos remete a um ótimo método para acalmar a mente:

> Decidi buscar ajuda e, além do tratamento médico com remédios, comecei a explorar caminhos alternativos para vencer esse problema. Terapias, como a cognitivo-comportamental, foram fundamentais para compreender os gatilhos emocionais que agravavam minha insônia. A meditação tornou-se uma aliada poderosa, me ajudando a acalmar a mente e a encontrar serenidade mesmo nas noites mais inquietas. Hoje, posso dizer que venci essa batalha. Minhas noites de sono são muito mais tranquilas e revigorantes. Ainda enfrento desafios ocasionais, mas aprendi a lidar com eles de forma mais saudável. Descobri que a chave para superar a insônia está em cuidar do corpo, mas sobretudo da mente, encontrando um equilíbrio que favoreça o descanso e a serenidade.

A meditação pode ser uma solução excepcionalmente poderosa para nossos tempos marcados por estresse e vício digital. Não é à toa que nos últimos anos temos acompanhado uma "Revolução *mindfulness*" como um contra-ataque à ansiedade e à falta de foco contemporâneas.

E essa revolução proporcionou uma explosão de estúdios, marcas e aplicativos de meditação, em todo o mundo, e tornou a prática de meditação a que mais cresce em boa parte do planeta.[98] Nos Estados Unidos (onde há o hábito de medir tudo), o número de praticantes de meditação quadruplicou nos últimos anos... aqui no Brasil, não temos números absolutos, mas podemos dizer, sem medo de errar, que a prática também vem ganhando adeptos a um ritmo bastante acelerado.

Como tudo o que ganha popularidade em um ritmo acelerado, a meditação também passa por um momento de "confusão conceitual". Isso porque o crescimento do número de praticantes é acompanhado por um profundo equívoco em torno dos

---

[98] MEDITAÇÃO é tendência no mundo e se tornará plural. **Blog Renata Spallicci**. Disponível em: https://www.renataspallicci.com.br/autoconhecimento/meditacao-plural/. Acesso em: 24 out. 2023.

próprios conceitos. Para algo que oferece clareza, há séria confusão sobre como os termos "meditação" e "atenção plena" são usados, o que contamina muitos estudos médicos sobre o tema.

Em primeiro lugar, é essencial que entendamos que existem três tipos de meditação:

1. Atenção concentrada.
2. Monitoramento aberto (que inclui meditação da atenção plena).
3. Meditação autotranscendente.

No recente avanço dessa prática, as diferentes formas da meditação da atenção plena, o *mindfulness* (prestando atenção no momento presente sem julgamento), tornaram-se dominantes, e isso levou a uma fusão de toda meditação com a atenção plena.

E essa mistura de todos os tipos de meditação contaminou – e, portanto, desvalorizou – muito da pesquisa clínica. Atualmente, existem centenas de estudos randomizados e de neuroimagem sobre abordagens de meditação, mas muitos são prejudicados por definições inconsistentes e uma metodologia confusa sobre o que estão estudando exatamente, seja uma atenção focada, seja um tipo de meditação autotranscendente.

A meditação está, portanto, em um momento de adoção e busca conceitual. Embora diferentes tipos sejam praticados nas tradições budista, hindu e judaica há mais de 5 mil anos, a meditação, como um empreendimento moderno, ainda é algo muito jovem.

O FUTURO É PLURAL

Contudo, se há algo que boa parte dos especialistas aponta como o futuro e a tendência da meditação é que ela passará de uma prática singular para uma plural – de um conceito genérico para tipos específicos, com as pessoas começando a entender seus mecanismos e seus resultados cerebrais específicos.

Ou seja, se as pessoas costumavam fazer "meditação" em um retiro de bem-estar, agora as modalidades antigas e modernas se multiplicarão – com práticas muito mais inclusivas.

Na Cúpula Global de Bem-Estar de 2018, Bob Roth (CEO da David Lynch Foundation, organização sem fins lucrativos, e um dos maiores especialistas em meditação do mundo) argumentou que a meditação passará de algo singular e genérico para plural e específico: "A ciência e o entendimento atuais da meditação estão em um estágio muito inicial. Por isso, vejo que, no futuro, teremos mais pessoas entendendo que práticas específicas de meditação têm benefícios específicos para pessoas específicas."

Isto é, não há uma prática dominante ou melhor do que outras, mas, sim, formas específicas de meditação para cada pessoa – como se houvesse uma caixa de ferramentas pessoal. "As definições serão resolvidas, a pesquisa se concentrará em tipos e resultados específicos, e é apenas isso que levará a meditação do modismo até uma intervenção médica baseada em evidências", explica Roth.

A IOGA DOS PRÓXIMOS VINTE ANOS

Apenas alguns anos atrás, a meditação era uma atividade marginal para os tipos de bem-estar interno, mas agora ela está acompanhando o crescimento meteórico que a ioga fez há vinte anos.

É um mercado em crescimento exponencial, que deve dobrar, por exemplo, nos Estados Unidos, de US$ 1,2 bilhão em 2017 para US$ 2 bilhões até 2022. E o crescimento faz parte de uma "economia de ansiedade" – que aumentou por causa de coisas como o smartphone, o ciclo de más notícias de 24 horas, as mídias sociais e o estresse das mudanças climáticas.

Seja fitness, seja ioga – como acontece em todos os mercados –, o crescimento da indústria leva à diversificação (novas marcas e novos modelos). Pense no número impressionante de marcas/conceitos de ioga e butiques fitness que existe atualmente. A meditação assumirá agora essa mesma força evolutiva.

Mais do que uma moda, a meditação pode realmente ser uma importante indutora do autoconhecimento e fazer uma mudança verdadeira em sua vida! E como são muitas as modalidade e as formas de meditação, eu me abstenho de lhe dar dicas de técnicas, tendo em vista que acredito que isso é algo que deve ser feito por especialistas, mas sugiro que procure aquela com a qual você mais se identifica e inicie algum tipo de processo nesse sentido! O cuidar da mente é um passo fundamental para quem, assim como você e eu, está buscando uma vida plena.

9— CUIDAR DA ESPIRITUALIDADE

> Não somos seres humanos vivendo uma experiência espiritual, somos seres espirituais vivendo uma experiência humana.
>
> Pierre Teilhard de Chardin[99]

A frase que abre este capítulo, do padre jesuíta francês, teólogo, místico, filósofo, paleontólogo e professor de Geologia, mostra a importância de entendermos a relevância da espiritualidade em nossa vida. E aqui não me refiro a nenhuma religião em específico. Falo sobre espiritualidade como uma conexão do humano com o divino – em qualquer forma que ele assuma.

A palavra "espiritualidade" (que considero, além de forte, linda!) vem do latim: *spiritus*, que significa "sopro".[100] Assim, entendo que espiritualidade tem a ver com o sopro divino que existe em cada um de nós, o espírito, a essência da nossa alma. Cada pessoa traz consigo uma energia que a faz existir e ser parte da criação.

Além disso, a espiritualidade pode ser definida como a busca de significado para a vida, por meio de conceitos que transcendem o tangível, a procura de um sentido de conexão com algo maior que nós mesmos! Nesse contexto, aí sim, a espiritualidade pode ou não estar ligada a uma vivência religiosa.

---

99 CHARDIN, P. T. *In:* FIGUERÊDO, W. Somos seres espirituais vivendo experiências humanas. **Simplesmente hoje**. Disponível em: https://simplesmentehoje.com/somos-seres-espirituais-vivendo-experiencias-humanas/. Acesso em: 23 out. 2023.

100 SCHWERINER, M. E. R. **O consumismo e a dimensão espiritual das marcas:** uma análise crítica. Tese (Doutorado em Ciências da Religião). Faculdade de Filosofia e Ciências da Religião, Universidade Metodista de São Paulo, São Bernardo do Campo, 2008. Disponível em: http://tede.metodista.br/jspui/bitstream/tede/459/1/Tese%20-%20Mario%20Rene%20Schweriner.pdf. Acesso em: 23 set. 2023.

O termo "religião" vem também do latim – *religare* –, cujo significado é "religar", "voltar a ligar", ou seja: unir o homem à sua espiritualidade.[101]

Em um artigo intitulado *O impacto da espiritualidade na saúde física*, os médicos Hélio Penna Guimarães e Paulo Avezum, ambos da divisão de cardiologia do Instituto Dante Pazzanese, apresentam uma constatação inspiradora:

> Foram apresentados de forma descritiva e concisa relevantes achados referentes às associações entre a espiritualidade/religiosidade e atividade imunológica, saúde mental, neoplasias, doenças cardiovasculares e mortalidade, além de aspectos de intervenção com uso de prece intercessória. Conclusões: Há crescente acúmulo de evidências sobre a relação entre religiosidade/espiritualidade e saúde física, mas por essas evidências ainda não serem adequadamente robustas, este se constitui em promissor campo de investigação.[102]

A espiritualidade é fundamental em nossa trajetória rumo a uma vida mais completa e plena. Não é à toa que o assunto tem sido bastante estudado no que se refere às suas relações com a saúde humana. Aqui vamos focar a espiritualidade como uma poderosa ferramenta quando se trata de saúde mental. Ela pode nos ajudar na cura de vários transtornos de saúde ou mesmo facilitar esse processo. Eu tenho sido praticante da minha conexão com a espiritualidade. Temos, na Apsen, um grupo chamado "Mulheres Fortes se Apoiam", que se reúne bimestralmente para tratar de temas escolhidos pelo próprio grupo. Um dos clamores foi por termos uma reunião dedicada à espiritualidade, o que me surpreendeu positivamente. Depois do câncer, criei um grupo de orações no Instagram e fico feliz e surpresa com a enorme quantidade de elogios que recebo diariamente, pelo próprio

---

[101] ORIGEM da palavra religião. **Dicionário Etimológico**. Disponível em: https://www.dicionarioetimologico.com.br/religiao/. Acesso em: 23 out. 2023.

[102] GUIMARÃES, P. H.; AVEZUM, A. O impacto da espiritualidade na saúde física. **Scielo**, 16 out. 2017. Disponível em: https://www.scielo.br/j/rpc/a/HCc9kdndvxXFjdXZtfpdGyP/#. Acesso em: 23 set. 2023.

Instagram ou mesmo de pessoas que me encontram na rua, agradecendo pelas mensagens que as têm ajudado muito!

AS CONSEQUÊNCIAS NA SAÚDE QUANDO NOS CONECTAMOS A ALGO MAIOR

Lembra-se da Tânia Regina? Pois bem. Ela faz questão de frisar que, além das terapias cognitivo-comportamentais e da meditação, que a ajudaram a acalmar a mente e a encontrar serenidade para vencer a insônia, a prática da espiritualidade deu a ela conforto e suporte. Em suas palavras: "para me conectar com algo maior, trazendo esperança e tranquilidade para a minha jornada de cura".

Pensando nesse algo maior, retorno ao trabalho já citado sobre a relação entre espiritualidade e saúde. Nesse estudo, os médicos concluem que "a influência da religiosidade/espiritualidade tem demonstrado potencial impacto sobre a saúde física, definindo-se como possível fator de prevenção ao desenvolvimento de doenças, na população previamente sadia, e eventual redução de óbito ou impacto de diversas doenças".

Estudos independentes, em sua maioria com grande número de voluntários e representativos da população, determinaram que a prática regular de atividades religiosas reduz o risco de óbito em cerca de 30%. Pesquisas que tentam avaliar a relação entre redução de mortalidade e práticas religiosas têm enfatizado o possível incentivo que essas práticas oferecem a hábitos de vida saudável, suporte social, menores taxas de estresse e depressão. Atitudes assistenciais voluntárias ou participação em congregações têm demonstrado associação com a redução de mortalidade, provendo suporte e significado de vida, emotividade de aspecto positivo ou ausência de emoções consideradas de aspecto negativo; certamente existem dúvidas sobre se esses aspectos são mais relevantes em grupos específicos, como no de sexo feminino, com menor suporte socioeconômico e menores níveis de educação.[103]

---

[103] GUIMARÃES, P. H.; AVEZUM, A., *op. cit.*

Um artigo na *BBC News Brasil*,[104] de 2021, cita raiva, rancor, orgulho, medo, egoísmo como sentimentos comuns a todos os seres humanos e que podem estar no cerne de boa parte das doenças enfrentadas pela humanidade, segundo a própria Medicina. E que várias instituições no Brasil e no mundo vêm se dedicando a estudar até que ponto a saúde do indivíduo é influenciada pelo seu estado de espírito. Ainda segundo a matéria, vários institutos renomados têm investigado quanto a espiritualidade (não necessariamente a religiosidade) do paciente auxilia na cura de doenças físicas e psíquicas – que podem ser agravadas por sentimentos ruins e pensamentos destrutivos. E como os temos, não é mesmo?

Nos Estados Unidos, prestigiosas instituições de ensino, como a Escola de Medicina de Stanford, as Universidades Duke, da Flórida, do Texas e Columbia, abrigam centros de estudos dedicados exclusivamente ao campo da espiritualidade e saúde. O mesmo empenho pode ser observado na Universidade de Munique, na Alemanha, na Universidade de Calgary, no Canadá, e no Royal College of Psychiatrists, no Reino Unido.

Esses centros de pesquisa têm convergido suas atenções para um conjunto robusto de evidências que indica que diversas manifestações da espiritualidade têm um impacto profundamente significativo na saúde e no bem-estar das pessoas. Essas expressões espirituais estão associadas a índices mais baixos de mortalidade, redução de casos de depressão, menor incidência de suicídios, menor uso de substâncias psicoativas e até mesmo à menor necessidade de internações hospitalares e de medicamentos.

Essas instituições ressaltam uma distinção fundamental: a espiritualidade não se confunde com religião. Em essência, uma pessoa religiosa pode ser considerada espiritualizada, porém, alguém espiritualizado não necessariamente segue uma religião e, em alguns casos, pode até não professar fé em um ser divino. O cerne da questão, como enfatizado nesse artigo da BBC, é que a espiritualidade está intimamente conectada à busca pessoal

---

104 MADUREIRA, D. Cientistas investigam como espiritualidade pode ajudar a saúde do corpo. **BBC News Brasil**, 9 maio 2021. Disponível em: https://www.bbc.com/portuguese/geral-56655826. Acesso em: 23 set. 2023.

por um propósito de vida e uma transcendência. Esse âmbito abrange também as relações interpessoais, que envolvem a família, a sociedade e o ambiente em que vivemos.

Por meio dos grupos dos quais fazemos parte – como família, amigos, colegas de trabalho, redes sociais etc. –, encontramos várias possibilidades de empatizar por meio da espiritualidade (ou da religião), se quisermos aprofundar e ritualizar a nossa compreensão do divino.

A QUESTÃO DO PERDÃO E DA GRATIDÃO

O perdão e a gratidão estão ligados ao nosso pouco ou muito entendimento do que é espiritualidade. Segundo o cardiologista Paulo Avezum, "Quem tem menos disposição ao perdão está mais disponível a enfrentar enfermidades coronárias". Da mesma maneira, ele afirma que a raiva acumulada pode levar à diabetes.[105]

Há cerca de dois anos, Avezum liderou a iniciativa da Sociedade Brasileira de Cardiologia (SBC) de publicar as *Diretrizes Brasileiras sobre Espiritualidade e Fatores Psicossociais*, integrando-as ao conjunto de diretrizes de prevenção cardiovascular. E vale aqui o reconhecimento: a SBC tornou-se a primeira sociedade de cardiologia do mundo a associar enfermidade moral à doença cardíaca com base em evidências científicas.

De acordo com o especialista, intervenções centradas no perdão e na gratidão podem desempenhar papel crucial no controle de fatores de risco, como a pressão arterial. No entanto, ele destaca que é preciso que se trate de um perdão genuíno, emocional, que vai além da simples concessão, e se concentre na transformação daquilo que se sente em relação ao agressor.

Essa compreensão do impacto positivo da espiritualidade na saúde traz um senso de serenidade e consolo. Como executiva da indústria farmacêutica, mesmo com os avanços na descoberta de medicamentos poderosos para combater diversas doenças, acredito firmemente

---

105 MADUREIRA, D. *op. cit.*

CUIDAR DA ESPIRITUALIDADE | 149

que as intervenções baseadas no perdão e na gratidão têm o potencial de aprimorar significativamente nossa saúde física.

UMA ABORDAGEM MAIS HOLÍSTICA

Desde 1996, a médica estadunidense Christina Puchalski procura inserir o componente espiritual no cuidado com os pacientes. Diretora do Instituto George Washington para Espiritualidade e Saúde (GWish), da Universidade George Washington, ela defende que os médicos levantem o histórico espiritual do paciente para entendê-lo de forma integral. O objetivo é identificar crenças e valores que realmente importam ao indivíduo, e como isso atua na forma como ele lida com a doença.[106]

Corroborando com o que a dra. Christina afirma, temos também o médico Frederico Leão, coordenador do Instituto de Psiquiatria do Hospital das Clínicas – Faculdade de Medicina da Universidade de São Paulo (ProSER/IPq/HC-FMUSP):

> Se o paciente acredita que a meditação o acalma, o médico deve ter essa informação em mãos e recomendar que ele mantenha a prática, ao mesmo tempo que toma a medicação. É preciso adotar a prática espiritual que esteja em harmonia com as crenças de cada um, porque isso vai contribuir para o tratamento.[107]

Pesquisar o impacto dessas práticas na saúde mental dos pacientes é o foco do IPq, que também promove cursos sobre como o abordar o tema nos consultórios. Segundo Leão, até o início dos anos 2000, os médicos tinham muito receio em falar sobre o assunto, mesmo sendo o Brasil um país onde mais de 80% da população se declara cristã. "Muitos não sabiam – e talvez ainda não saibam – como fazer essa abordagem", diz ele.

---

[106] *Ibidem.*

[107] MADUREIRA, D. Cientistas investigam como espiritualidade pode ajudar a saúde do corpo. **BBC**. Disponível em: https://www.em.com.br/app/noticia/ciencia/2021/05/10/interna_ciencia,1264851/cientistas-investigam-como-espiritualidade-pode-ajudar-a-saude-do-corpo.shtml. Acesso em: 24 out. 2023.

"É o caso do cirurgião que, antes da cirurgia, pede a toda a equipe que reze um Pai-Nosso, e o paciente questiona: 'Por que isso, doutor, vou morrer?.'"

Leão destaca ainda as pesquisas do psiquiatra estadunidense Harold Koenig, da Universidade Duke, para quem negligenciar a dimensão espiritual do paciente é como ignorar o seu aspecto social ou psicológico, ou seja, o paciente deixa de ser tratado de forma integral. "Koenig constatou que o pensamento positivo, a meditação e a oração não afetam só a mente, mas o organismo como um todo", afirma Leão. E complementa: "Após tudo que vivemos nos últimos anos, em especial a pandemia, somente os muito alienados não estão revendo seu padrão de vida".

PRÁTICAS INTEGRATIVAS E COMPLEMENTARES[108]

Hoje, a Política Nacional de Práticas Integrativas e Complementares (as chamadas PNPICs que existem desde 2016) oferece 29 recursos terapêuticos – muitos fundamentados em conhecimentos tradicionais, como ayurveda, reiki, acupuntura, ioga, meditação, fitoterapia, homeopatia e quiropraxia, e outros mais recentes, como ozonioterapia e biodança. Atualmente, são oferecidos pelo Sistema Único de Saúde (SUS) em 54% dos municípios do país.

A adoção da PNPICs segue orientações da Organização Mundial da Saúde (OMS), que, em 1988, incluiu a dimensão espiritual no conceito de saúde multidimensional. Para a OMS, espiritualidade é "O conjunto de todas as emoções e convicções de natureza não material, com a suposição de que há mais no viver do que pode ser percebido ou plenamente compreendido, remetendo a questões como o significado e sentido da vida, não se limitando a qualquer tipo específico de crença ou prática religiosa".

Na opinião do neurocientista Sérgio Felipe de Oliveira, a PNPICs pode fazer a grande diferença para a saúde da população, ao valorizar o conhecimento tradicional, as culturas regionais, amparada no aculturamento espiritualista, sobretudo a

---

[108] MADUREIRA, D. *op. cit.*

um baixo custo. "É a possibilidade de diálogo com a população", prossegue ele, para quem o diálogo entre ciência e espiritualidade nunca foi tão urgente.[109]

A ciência não pode se fechar em si mesma, em um conhecimento hermético. Ela precisa ouvir e conversar com a população. "Senão, quando nós precisamos da ciência, o povo não ouve. Aí surgem o negacionismo e as fake news", diz o médico, que, entre 2007 e 2014, ministrou a disciplina optativa Medicina e Espiritualidade na Faculdade de Medicina da USP.

Indo além do corpo, da mente e da espiritualidade, três pilares essenciais da nossa existência, vamos partir para fora, para além de nós. Não vivemos sozinhos, não nascemos por conta própria, não sobreviveríamos se não em grupo. Por isso, para fechar esta terceira parte da nossa jornada, vamos falar da importância de ter uma rede de apoio, que, como o nome sugere, é um conjunto de pessoas com as quais podemos contar, compartilhar momentos difíceis (e os alegres também, por que não?).

Esse é o nosso papo a seguir. Você está pronto?

---

109 MADUREIRA, D. *op. cit.*

A ESPIRITUALIDADE é uma poderosa ferramenta quando se trata de SAÚDE MENTAL. Ela pode nos ajudar na cura de vários transtornos de saúde ou mesmo FACILITAR esse processo.

@respallicci

10 — CRIAR UMA REDE DE APOIO

Sou quem sou, porque somos todos nós.

Filosofia Ubuntu[110]

Esse pensamento de origem africana traz uma mensagem de compaixão, calor humano, compreensão, respeito, cuidado, partilha, humanitarismo ou, em uma só palavra, amor. Podemos acrescentar também a esse conceito a palavra "solidariedade". E começar a pensar no que é uma rede de apoio a partir daí.

Apoiar significa amparar, contribuir, assistir, auxiliar, socorrer, amar. Quem apoia se coloca à disposição para ajudar o outro, que está precisando de algum tipo de amparo, devido a uma falta ou uma necessidade.

As redes de apoio mais comuns são a família, os amigos, os médicos e, para as pessoas religiosas, os grupos religiosos. Nem sempre, porém, essas redes são suficientemente estruturadas para prestar ajuda em momentos de desequilíbrio ou disfunção, sobretudo os de origem mental.

As redes de apoio institucionais são coletivos solidários às nossas dores, aos nossos problemas, organizadas por pessoas que têm questões em comum. Elas podem ser de origem comunitária espontânea, como é o caso das que nascem a partir de grupos e instituições diversas, para tratar de inúmeros assuntos, e podem ser de iniciativa pública ou privada, dentro de uma proposta de políticas públicas, para cuidar do coletivo.

Apresento, a seguir, algumas dessas instituições:

---

110 CECHINEL, J. Ubuntu – Sou quem sou, porque somos todos nós. **Uaaau**. Disponível em: https://www.uaaau.com.br/bem-estar/ubuntu-sou-quem-sou-porque-somos-todos-nos. Acesso em: 23 out. 2023.

► **Alcoólicos Anônimos®**[111] é uma irmandade de homens e mulheres que compartilham, entre si, suas experiências, forças e esperanças, a fim de resolver seu problema comum e ajudar outros a se recuperarem do alcoolismo. O único requisito para ser membro é o desejo de parar de beber; não existem taxas ou mensalidades. O A.A. é autossuficiente, graças às contribuições voluntárias dos próprios membros; não está ligado a nenhuma seita ou religião, nenhum movimento político, nenhuma organização ou instituição; não deseja entrar em nenhuma controvérsia; não apoia nem combate quaisquer causas.

► **AL-Anon**[112] é uma associação de parentes e amigos de alcoólicos que compartilham suas experiências, sua força e esperança a fim de solucionar os problemas que têm em comum. Acreditam que o alcoolismo é uma doença que atinge a família e que uma mudança nas próprias atitudes pode ajudar na recuperação. O Al-Anon abrange também o Alateen, que são grupos compostos de membros jovens (13 a 19 anos) que sofrem com o alcoolismo de um familiar ou amigo. O Al-Anon não está ligado a nenhuma seita, religião, movimento político, organização ou instituição; não se envolve em nenhuma controvérsia, nem endossa (ou se opõe a) nenhuma causa. Não existem taxas para ser membro. O Al-Anon é autossuficiente, vive por meio das contribuições voluntárias dos próprios membros. O Al-Anon tem apenas um propósito: prestar ajuda a familiares e amigos de alcoólicos. Isso é feito com a prática dos Doze Passos, encorajando e compreendendo os parentes alcoólicos, bem como acolhendo e proporcionando alívio a familiares de alcoólicos.

---

111 Para mais informações, consulte o link: https://www.aa.org.br/. Acesso em: 23 set. 2023.

112 Para mais informações, consulte o link: https://al-anon.org.br/. Acesso em: 23 set. 2023.

▶ **Narcóticos Anônimos ou NA**[113] é uma irmandade ou sociedade, sem fins lucrativos, de homens e mulheres para quem as drogas se tornaram um problema maior. Atende adictos em recuperação, em reuniões regulares de ajuda de uns aos outros a se manterem limpos. Esse é um programa de total abstinência de todas as drogas e há somente um requisito para ser membro: o desejo de parar de usá-las. O que eles dizem de si mesmos:

O recém-chegado é a pessoa mais importante em qualquer reunião, porque só dando podemos manter o que temos. Qualquer pessoa pode juntar-se a nós, independente da idade, situação financeira, raça, orientação sexual, crença, religião ou falta de religião. Não estamos interessados no que ou quanto você usou, quais eram os seus contatos, no que fez no passado, no quanto você tem ou deixa de ter; só nos interessa o que você quer fazer a respeito do seu problema e como podemos ajudar. Aprendemos com nossa experiência coletiva que aqueles que continuam voltando regularmente às nossas reuniões mantêm-se limpos.

▶ **Nar-Anon**[114] é uma irmandade mundial de parentes e amigos de dependentes químicos que acreditam que a vida deles foi afetada pela dependência química de alguém; um programa de recuperação de mútua ajuda, baseado nos Doze Passos do Nar-Anon; os membros compartilham suas experiências, sua força e esperança a fim de solucionar os problemas que têm em comum; programa de recuperação que protege o anonimato de todos os membros da irmandade e de Narcóticos Anônimos (NA); programa espiritual compatível com todas as crenças religiosas com o único propósito de ajudar parentes e amigos de dependentes, quer o dependente esteja usando drogas, quer não; compatível com o tratamento profissional; autossuficiente e autossustentado através das contribuições

---

113 Para mais informações, consulte o link: https://www.na.org.br/. Acesso em: 23 set. 2023.

114 Para mais informações, consulte o link: https://www.naranon.org.br/. Acesso em: 23 set. 2023.

voluntárias de seus membros; não há taxas ou mensalidades para a adesão.

▶ **Amor-Exigente (AE)**[115] atua como apoio e orientação aos familiares de dependentes químicos e às pessoas com comportamentos inadequados. Através de um eficiente programa de auto e mútua ajuda, o Amor-Exigente desenvolve preceitos para a reorganização familiar, sensibilizando as pessoas e levando-as a perceber a necessidade de mudar o rumo da própria vida a partir de si mesmas, proporcionando equilíbrio e melhor qualidade de vida. Esse programa, que há mais de três décadas funciona e dá certo, é praticado por meio de Doze Princípios Básicos, Doze Princípios Éticos, Espiritualidade Pluralista e Responsabilidade Social, por meio de reuniões semanais, cursos e palestras, sempre com a dedicação e o comprometimento dos milhares de voluntários espalhados por todo o Brasil, na Argentina e no Uruguai.

Outras redes de apoio de origem religiosa de várias linhas são encontradas também na plataforma do governo federal (www.gov.br/pt-br/servicos/acessar-comunidades-terapeuticas). Existe ainda a possibilidade de entrar em contato com o número 121 e solicitar o telefone e o endereço da comunidade terapêutica mais próxima.

O importante para a nossa reflexão aqui é saber que, com as redes de apoio, é possível lidar, de maneira muito mais saudável, com as intercorrências da vida. A ajuda pode ser de ordem moral, ética e até mesmo física, com orientações específicas, ou simplesmente de doação de atenção e afeto para quem quer e precisa ser ouvido e acolhido. O fato de saber que existe alguém ali com quem se pode contar não tem preço!

REDES DE APOIO OFERECIDAS PELO SUS

Existem ainda as redes de apoio de iniciativa do poder público. Vamos conhecer um pouco mais desse importante serviço.

---

[115] Para mais informações, consulte o link: https://amorexigente.org.br/. Acesso em: 23 set. 2023.

REDE DE ATENÇÃO PSICOSSOCIAL – (RAPS)[116]

A Rede de Atenção Psicossocial (RAPS) foi instituída no âmbito do Sistema Único de Saúde (SUS) para acolher pessoas com sofrimento ou transtorno mental e com necessidades decorrentes do uso de crack, álcool e outras drogas. A RAPS é formada pelos seguintes pontos de atenção: Unidades de Atenção Básica, Urgência e Emergência, SRT, Unidades de Acolhimento e CAPS.

UNIDADES DE ATENÇÃO BÁSICA

As Unidades de Atenção Básica têm como princípio possibilitar o primeiro acesso das pessoas ao sistema de Saúde, inclusive para quem demanda cuidados em saúde mental. Trata-se da principal porta de entrada do SUS e elas representam papel fundamental para o cuidado integral em saúde e saúde mental. As ações e os serviços são ofertados em um território geograficamente conhecido, próximo ao local de moradia das pessoas, o que possibilita aos profissionais de Saúde integração e maior possibilidade de conhecer a história de vida das pessoas, seus vínculos com a comunidade/território onde moram, como também os contextos de vida. Nas Unidades de Atenção Básica estão as Equipes de Saúde da Família, as equipes Multiprofissionais na Atenção Primária à Saúde – eMulti, Consultório na Rua, entre outras

URGÊNCIA E EMERGÊNCIA

Os pontos de Atenção de Urgência e Emergência (Samu 192, sala de estabilização, UPA 24 horas e pronto-socorro) são responsáveis, em seu âmbito de atuação, por acolhimento,

---

116 MINISTÉRIO DA SAÚDE. Rede de Atenção Psicossocial. Disponível em: https://www.gov.br/saude/pt-br/composicao/saes/desme/raps. Acesso em: 23 set. 2023.

classificação de risco e cuidado nas situações de urgência e emergência das pessoas com sofrimento ou transtorno mental, incluindo aquelas com necessidades decorrentes do uso de álcool e outras drogas.

SERVIÇOS RESIDENCIAIS TERAPÊUTICOS

São moradias inseridas na comunidade destinadas a cuidar dos portadores de transtornos mentais crônicos com necessidade de cuidados de longa permanência, prioritariamente egressos de internações psiquiátricas e de hospitais de custódia.

UNIDADES DE ACOLHIMENTO

É um serviço residencial destinado a pessoas que fazem uso de álcool e outras drogas, de ambos os sexos, que se encontram em sofrimento psíquico e outras situações que impossibilitam estabelecer laços sociais, realizar projetos de vida e que apontem a necessidade de cuidado integral de caráter residencial transitório.

As Unidades de Acolhimento são divididas em:

▶ Unidade de Acolhimento Adulto (UAA): destinada às pessoas maiores de 18 (dezoito) anos, de ambos os sexos.
▶ Unidade de Acolhimento Infanto-Juvenil (UAI): destinada às crianças e aos adolescentes, entre 10 (dez) e 18 (dezoito) anos incompletos, de ambos os sexos.

As UA contam com equipes qualificadas e funcionam exatamente como uma casa, onde o usuário é acolhido e abrigado enquanto seu tratamento e projeto de vida acontecem nos diversos outros pontos da RAPS.

CAPS

Os principais atendimentos em saúde mental são realizados nos Centros de Atenção Psicossocial (CAPS) que existem no país, nos quais o usuário recebe atendimento próximo da família com assistência multiprofissional e cuidado terapêutico conforme o quadro de saúde de cada paciente. Em algumas modalidades desses serviços também há possibilidade de acolhimento noturno e/ou cuidado contínuo em situações de maior complexidade.[117]

MODALIDADES DOS CAPS[118]

► CAPS I: Atende pessoas de todas as faixas etárias que apresentam prioritariamente intenso sofrimento psíquico decorrente de transtornos mentais graves e persistentes, incluindo aqueles relacionados ao uso de substâncias psicoativas, e outras situações clínicas que impossibilitem estabelecer laços sociais e realizar projetos de vida. Indicado para municípios ou regiões de saúde com população acima de 15 mil habitantes.

► CAPS II: Atende prioritariamente pessoas em intenso sofrimento psíquico decorrente de transtornos mentais graves e persistentes, incluindo aqueles relacionados ao uso de substâncias psicoativas, e outras situações clínicas que impossibilitem estabelecer laços sociais e realizar projetos de vida. Indicado para municípios ou regiões de saúde com população acima de 70 mil habitantes.

► CAPS i: Atende crianças e adolescentes que apresentam prioritariamente intenso sofrimento psíquico decorrente de transtornos mentais graves e persistentes, incluindo aqueles relacionados ao uso de substâncias psicoativas, e outras situações clínicas que impossibilitem estabelecer laços sociais e realizar projetos de vida. Indicado para municípios ou regiões com população acima de 70 mil habitantes.

---

117 MINISTÉRIO DA SAÚDE. Centros de Atenção Psicossocial. Disponível em: https://www.gov.br/saude/pt-br/composicao/saes/desme/raps/caps. Acesso em: 23 set. 2023.

118 *Ibidem.*

► CAPS ad Álcool e Drogas: Atende pessoas de todas as faixas etárias que apresentam intenso sofrimento psíquico decorrente do uso de crack, álcool e outras drogas, e outras situações clínicas que impossibilitem estabelecer laços sociais e realizar projetos de vida. Indicado para municípios ou regiões de saúde com população acima de 70 mil habitantes.

► CAPS III: Atende prioritariamente pessoas em intenso sofrimento psíquico decorrente de transtornos mentais graves e persistentes, incluindo aqueles relacionados ao uso de substâncias psicoativas, e outras situações clínicas que impossibilitem estabelecer laços sociais e realizar projetos de vida. Proporciona serviços de atenção contínua, com funcionamento 24 horas, incluindo feriados e finais de semana, ofertando retaguarda clínica e acolhimento noturno a outros serviços de saúde mental, inclusive CAPSad, possuindo até 5 (cinco) leitos para acolhimento noturno. Indicado para municípios ou regiões de saúde com população acima de 150 mil habitantes.

► CAPS ad III Álcool e Drogas: Atende adultos, crianças e adolescentes, considerando as normativas do Estatuto da Criança e do Adolescente, com sofrimento psíquico intenso e necessidades de cuidados clínicos contínuos. Serviço com no máximo 12 leitos de hospitalidade para observação e monitoramento, de funcionamento 24 horas, incluindo feriados e finais de semana; indicado para municípios ou regiões com população acima de 150 mil habitantes.

Só para citar um exemplo aqui de São Paulo, onde moro, os serviços do CAPS III na Brasilândia, bairro periférico da cidade, oferecem atendimento 24 horas por dia – a adultos, crianças e adolescentes – em áreas com população superior a 150 mil habitantes em todo o Brasil, e atuam como um substituto direto da função tradicional prestada pelos hospitais psiquiátricos. O centro oferece assistência e apoio contínuo e personalizado de saúde mental com base na comunidade, incluindo serviços de emergência.

O CAPS III foi pensado para criar uma estrutura e ambiente semelhantes aos de uma casa e envolve tudo, desde a ligação a negócios comunitários, profissões, estudo e esportes. Estruturalmente, o centro possui áreas comuns internas e externas para socialização e interação entre as pessoas, refeitório, salas de aconselhamento individual, sala de atividades em grupo, farmácia e dormitórios femininos e masculinos, cada um com quatro leitos, onde são acolhidas pessoas em crise, que podem permanecer por até catorze dias. O centro também realiza atividades e eventos na comunidade usando espaços públicos, como parques, centros comunitários de lazer e museus.

Uma vez cadastrados no CAPS, os usuários do serviço desenvolvem um plano de atendimento individual (Projeto Terapêutico Singular – PTS) com seu médico de preferência. O PTS mapeia história, necessidades, rede social e de apoio de uma pessoa. Esses usuários recebem suporte na identificação de suas necessidades e seus desejos; seus projetos de vida são discutidos e estratégias de cuidado e apoio com responsabilidades são compartilhadas.

Os membros do CAPS apoiam os usuários do serviço de muitas outras maneiras, desde a mediação de conflitos até o acompanhamento deles em determinadas reuniões ou atividades de arte e cultura, geração de renda ou simplesmente de acolhimento e inclusão. Uma avaliação de 2020 do CAPS III constatou que os serviços oferecidos são congruentes com uma abordagem voltada para os direitos humanos e a recuperação, provando a consistência do atendimento ao cuidado à saúde mental ao longo dos anos, desde a sua implementação.

O MUNDO EM REDE E EM UMA GRANDE REDE DE APOIO

Apoio é tão importante para quem o recebe como para quem o dá, e a pandemia de Covid-19 comprovou isso. Muitos de nós nos descobrimos importantes para quem nem sabíamos que éramos e nos decepcionamos com muitos amigos e parentes que julgávamos prontos a nos apoiar nas horas de aflição e medo.

De qualquer modo, em momentos difíceis, são nossas redes de apoio que nos auxiliam na promoção do nosso bem-estar, qualidade de vida e saúde. É a partir da convivência e de trocas afetivas que construímos e consolidamos nossas redes de apoio. Assim, não há um padrão, sua rede de apoio pode ser diferente da minha, que é diferente de outra pessoa, e assim seguimos construindo as nossas redes.

E nesse mundo onde vivem 7 bilhões de habitantes, a maioria conectada literalmente em rede, não há como deixar de pelo menos pensar em dar apoio ou buscar por ele quando precisamos.

Você já ouviu falar naquela história de que qualquer um de nós pode identificar um vínculo com uma pessoa que não conhece, apenas realizando cinco conexões? Isso é uma hipótese real e crível, levantada em 1929 pelo escritor húngaro Frigyes Karinthy. No entanto, mais recentemente, em 1967, essa hipótese transformou-se na Teoria dos Seis Graus de Separação, pelo psicólogo novaiorquino Stanley Milgram, que desconhecia o trabalho do húngaro.[119]

Atualmente, há indícios de que essa distância diminuiu para 4,74 pessoas, de acordo com estudo realizado pelo Facebook, em parceria com a Universidade de Milão, levando em conta que quase 20% da população mundial está cadastrada na rede social. Incrível, e ao mesmo tempo ótimo, não acha?[120]

Pois é exatamente por essa possível e simples proximidade que as redes sociais podem também nos servir de rede de apoio. Assim, em vez de usarmos essas ferramentas incríveis para xingar, propagar fake news, ampliar discursos de ódio, ofender, cancelar, bloquear, invadir espaços privados para discutir apenas pelo prazer de discutir ou para disputar audiência,

---

[119] MASSAO, L. O que é a teoria dos seis graus de separação? **Superinteressante**, 14 fev. 2020. Disponível em: https://super.abril.com.br/mundo-estranho/o-que-e-a-teoria-dos-seis-graus-de-separacao. Acesso em: 20 set. 2023.

[120] FACEBOOK testa teoria dos seis graus de separação. **Techtudo**, 5 fev. 2016. Disponível em: https://www.techtudo.com.br/noticias/2016/02/facebook-testa-teoria-dos-6-graus-de-separacao-faca-o-teste.ghtml. Acesso em: 20 set. 2023.

precisamos encontrar maneiras de nos ajudar, de cooperar em rede, de trocar conhecimento, de ensinar, enfim, de compartilhar o que de mais humano e solidário temos a oferecer uns aos outros.

Há muitas associações de apoio voltadas para grupos de pessoas portadoras de doenças específicas que trocam suas experiências através das redes. Há muitas páginas de apoio psicológico, de ensinamentos de todos os tipos (culinária, exercícios físicos e mentais, centenas e milhares de cursos, profissionais ou não, dicas de toda ordem), gratuitos ou pagos, que podemos usufruir ou criar.

E aqui vale lembrar do Centro de Valorização da Vida (CVV), uma ONG totalmente voluntária, que trabalha na prevenção do suicídio de forma sigilosa e que dá apoio emocional a pessoas que sofrem com depressão. O CVV conta com voluntários dispostos a conversar e ajudar, 24 horas por dia. Não é preciso se identificar nem passar nenhuma informação ou contato, o atendimento é totalmente sigiloso.

E por que o CVV trabalha com sigilo? Muitas pessoas que sofrem de depressão e estão nesse caminho do suicídio sentem vergonha e desconforto em falar com conhecidos ou de se identificarem ao fazer um desabafo. Assim, justamente para ser uma alternativa a essas pessoas, o CVV oferece atendimento totalmente sigiloso por chat (através do site www.cvv.org.br), telefone (188), e-mail ou mesmo pessoalmente.

Como vimos, há muitas redes sinérgicas. Há muito apoio e muita gratidão no ar. Vamos fazer a nossa parte compartilhando, divulgando para que mais pessoas possam usufruir dessas redes de apoio!

PARTE 4
CONSTRUA UM FUTURO SAUDÁVEL

Cuidar de nossa saúde mental não é somente um bem que fazemos a nós mesmos! É um bem que fazemos à sociedade! Sim, porque um mundo com pessoas mentalmente saudáveis é um mundo melhor para todos.

Pais saudáveis criam melhor seus filhos, filhos criados em um ambiente mentalmente sadio se tornam adultos melhores, gestores melhores, políticos mais responsáveis e, com isso, construímos uma sociedade e um futuro melhor e mais ameno para todos nós!

Portanto, é essencial que tenhamos em mente que buscar a sanidade e o equilíbrio mental é um bem maior que todos devemos ter como meta individual e para todos aqueles que nos rodeiam. Para isso, é urgentemente necessário agir com generosidade perante o outro e nos unirmos como sociedade para cobrar regulamentações contra práticas que prejudicam nossa saúde mental. E é isso que vamos abordar com mais profundidade nos próximos capítulos.

11— GENEROSIDADE

> Queres viver alegremente?
> Caminha com dois sacos, um para
> dares, outro para receberes.
>
> Goethe[121]

Como vimos no capítulo anterior, superar um transtorno psicológico fica mais suave quando temos uma rede de apoio. E, em um mundo onde cada vez há mais pessoas que sofrem com transtornos, você tem grandes chances de estar dos dois lados da mesa: ora precisando de apoio, ora como a pessoa que apoia alguém – ou seja, ora estamos dando, ora recebendo, como lemos na frase do autor e estadista alemão Goethe. É nesse exercício de empatia, generosidade e humildade que encontramos um caminho para a alegria.

No entanto, nem sempre é simples agir assim. Quando passamos por um profundo transtorno mental, tendemos a perder um pouco da empatia. Muitas vezes, nossos problemas não nos deixam enxergar o problema do outro, e não há nada que pareça ser mais importante do que nossas questões. E tudo bem nos sentirmos assim. Isso não é egoísmo, é questão de sobrevivência! No entanto, por outro lado, a generosidade emocional pode ser uma grande aliada na busca por nossa saúde mental. Infelizmente, porém, ela costuma ser negligenciada em boa parte das vezes.

A generosidade à qual me refiro vai além do assistencialismo e de ações superficiais de caridade. No mundo de hoje, em que estamos tão fechados em nós mesmos, é quase revolucionário ser generoso de verdade e sentir uma vontade altruísta genuína de oferecer apoio, bem-estar, positividade, proximidade e esperança. Afinal, embora estejamos conscientes dos seus benefícios e consideremos a generosidade uma virtude louvável, doar-se ao outro pode ser exaustivo e, por vezes, pensamos em

---

121 GOETHE, J. W. *In*: **Pensador**. Disponível em: https://www.pensador.com/frase/MjgyMQ/. Acesso em: 24 out. 2023.

retribuição: será que o outro retribuirá a nossa generosidade bem-intencionada?

A questão é: se ficamos esperando uma retribuição específica e direta de quem está sendo ajudado, inevitavelmente, vamos ficar cansados e decepcionados. No entanto, à medida que conseguimos estar emocionalmente disponíveis, proporcionamos bem-estar para a comunidade e a nós mesmos.

Estar disposto a oferecer apoio, bem-estar, proximidade e positividade é uma declaração de que nossas ações podem moldar um futuro mais conectado e compassivo. E, abrindo o meu coração aqui, afirmo que é algo que me toca de forma especial: a generosidade emocional nos desafia a olhar além de nossas necessidades e a contribuir para o bem-estar coletivo.

A generosidade traz alegria tanto para quem a pratica quanto para quem a recebe. Um estudo realizado em Zurique, na Suíça, revela que as pessoas que se engajam em atos de generosidade são mais propensas a se considerarem felizes. No entanto, o que é fascinante é que a própria prática de ser generoso está ligada a áreas do cérebro associadas ao prazer e à gratificação. Isso sugere que ser generoso não é apenas um dever moral, mas uma jornada de autodescoberta e satisfação pessoal.[122]

AS RAÍZES EVOLUTIVAS DA GENEROSIDADE EMOCIONAL

A generosidade emocional não é uma modinha ou um capricho de uma sociedade dominada pela culpa da desigualdade. Na verdade, ela está entrelaçada com nossas raízes evolutivas e faz parte de nossa história como civilização e como seres humanos. Só com cooperação e apoio mútuo alcançamos as grandes conquistas da humanidade.

---

122 PRESSE, F. Estudo revela que praticar atos de generosidade traz felicidade. **G1, Bem Estar**, 12 jul. 2017. Disponível em: https://g1.globo.com/bemestar/noticia/estudo-revela-que-praticar-atos-de-generosidade-traz-felicidade.ghtml. Acesso em: 20 set. 2023.

Em um mundo onde a solidão e a incompreensão são cada vez mais comuns, a generosidade emocional se destaca como um elo que nos proporciona mais felicidade e saúde.

E no caso da saúde mental, em particular, a generosidade em forma de comunicação honesta e a disponibilidade emocional são fundamentais para construir relacionamentos verdadeiramente significativos. A generosidade emocional cria um espaço relacional seguro, no qual as pessoas podem expressar suas emoções, compartilhar suas lutas e encontrar apoio mútuo.

Contudo, não podemos ser ingênuos, mesmo sendo benéfica sob vários aspectos, a generosidade também implica riscos.

DESAFIOS E RECOMPENSAS DA GENEROSIDADE

Embora a generosidade emocional ofereça uma série de benefícios, ela também suscita desafios. O medo de que nossa generosidade não seja retribuída ou seja mal interpretada pode nos impedir de agir.

No entanto, é fundamental lembrar que a generosidade genuína não busca recompensas materiais nem reconhecimento. A verdadeira recompensa está no ato em si de dar, na sensação de que estamos contribuindo para um mundo mais compassivo e conectado.

A pedra angular da generosidade emocional envolve um princípio: não espere nada em troca além da pura alegria de fazer o bem. Essa é a verdadeira recompensa e nenhuma outra: saber que o que fazemos melhora a vida de outra pessoa e, por sua vez, melhora a nossa.[123]

Atenção! Ser emocionalmente generoso não pode ser confundido com ser abusado emocionalmente. É bem aquela frase que nossos pais sempre diziam: "Não confunda ser bom com ser bobo, ambos começam com 'b', mas são bem diferentes!".

---

[123] SABATER, V. Generosidade emocional: compartilhar emoções para curar. **Portal Amenteé maravilhosa,** 22 dez. 2022. Disponível em: https://amenteemaravilhosa.com.br/generosidade-emocional-compartilhar-emocoes-para-curar/. Acesso em: 23 set. 2023.

A bondade generosa é uma grande virtude que torna mais fácil lidar com os outros e provoca inputs positivos no cérebro. Há, porém, pessoas que manipulam a bondade dos outros apenas para conseguir o que querem. Nesse caso, é preciso encontrar o equilíbrio e saber dizer não. É fundamental procurar ajudar os outros a alcançar a felicidade sem anular as próprias emoções.

Tudo bem, ser generoso e altruísta é realmente incrível, mas você não deve ser pressionado a fazer coisas que não pode ou não quer fazer. Use o bom senso porque você sabe o que é melhor para si em qualquer situação. Estabeleça limites.

É essencial ter em mente que a gentileza e a generosidade não podem esconder a baixa autoestima. Pessoas com baixa autoestima tendem a ser excessivamente amigáveis. Se você notar uma simpatia excessiva em si mesmo, uma autoanálise pode ajudá-lo. Pergunte a si mesmo por que você não consegue estabelecer limites. Ou por que você se sente incapaz de negar sua ajuda a qualquer pessoa, mesmo que se prejudique ao fazer isso.

Que a gentileza é uma característica positiva, não resta dúvida, mas você precisa ter certeza de que ela não se manifesta de maneira patológica. Você pode tender a se subestimar, porém, somente ao se valorizar conseguirá fazer os outros felizes.

COMO DOAR AOS OUTROS

Quer você tenha um histórico de generosidade, quer não, nunca é tarde para começar a praticá-la.

Não sabe por onde começar? Comece pelo ato mais simples e fácil, olhe as pessoas nos olhos, cumprimente-as com carinho, tenha interesse genuíno pelo outro. Eu aprendi cedo que todo ser humano quer ser amado, respeitado e admirado. Então faça isso pelas pessoas![124]

Admiro muito a vida de Madre Teresa de Calcutá, cuja história ficou mundialmente conhecida pela dedicação de sua vida

---

124 MADRE Teresa de Calcutá. **História do mundo.** Disponível em: https://www. historiadomundo.com.br/idade-contemporanea/madre-teresa-de-calcuta. htm. Acesso em: 23 set. 2023.

ao trabalho de caridade: ela foi reconhecida pelo prêmio Nobel da Paz em 1979. Uma de suas muitas frases memoráveis diz: "O que nós fazemos pelos pobres é uma gota de água no oceano: mas se o não fizéssemos, se não deitássemos no oceano essa gota, ao oceano faltaria algo, faltar-lhe-ia essa gota."[125]

Façamos como Madre Teresa, um pouquinho de cada vez, uma gota no oceano por vez e seremos contagiados para fazer cada vez mais. O bem mais precioso que podemos doar é nosso tempo!

Visite um amigo que está passando por momentos difíceis e lave a louça ou ajude-o a preparar uma refeição saudável! Ser um bom ouvinte para quem está passando por dificuldades, sem julgamentos, também pode ser um grande ato de apoio e de generosidade emocional.

Lembre-se de que essa virtude não é um atributo fixo, mas uma habilidade que podemos cultivar ao longo do tempo. Isso requer autoconsciência, empatia e prática contínua. Podemos começar com pouco, dando apoio a uma pessoa que necessita, expressando gratidão sincera ou realizando pequenos atos de bondade.

À medida que praticamos a generosidade emocional, descobrimos que não apenas transformamos a vida dos outros, mas enriquecemos também nossa jornada emocional e mental. E seguimos assim, como diz Goethe, no caminho da alegria: dando e recebendo.

---

125 ALGUMAS frases de Madre Teresa de Calcutá. **Ordem do Carmo de Portugal.** Disponível em: https://www.ordem-do-carmo.pt/index.php/16-portal/portal/832-algumas-frases-da-santa-madre-teresa-de-calcuta. Acesso em: 23 set. 2023.

12— REGULAR PARA PROTEGER

> Nada há que seja verdadeiramente livre nem suficientemente democrático. Não tenhamos ilusões, a internet não veio para salvar o mundo.
>
> **José Saramago**[126]

A generosidade, como vimos no capítulo anterior, pode ser essencial para a nossa saúde mental, e isso nos predispõe a sair um pouco de nosso "mundinho" e nos tornarmos mais disponíveis para o outro. Esse senso comunitário vem nos fazendo falta ultimamente. Cada vez mais perdemos o caráter gregário do ser humano para vivermos em mundos particulares e nos tornamos mais e mais individualistas.

Essa individualidade extrema nos tira o poder de agir juntos como sociedade, em busca de interesses comuns, que muitas vezes são antagônicos aos das grandes corporações e dos poderes constituídos.

Aqui quero retomar algo que falei, lá no começo do livro, sobre o modo pelo qual o poder exercido pelas mídias sociais em nossa vida e a forma como foram criadas – para nos proporcionar prazer e recompensa imediatos, tudo isso aliado ao fato de dominarem nossas preferências por meio de algoritmos – podem ser prejudiciais à nossa saúde mental.

O que podemos fazer para evitar esse poder e esse controle que as mídias exercem sobre nós? Não é apenas uma questão de: "Não quer usar, então não use", pois as redes passaram a desempenhar um papel totalizante em nossa vida. Nós as usamos para comunicar, para expressar sentimentos, gostos e vontades, para vender, para comprar. Simplesmente as ignorar não é uma opção. Além disso, as redes têm um acesso quase ilimitado aos nossos dados pessoais, perfil de consumo e até mesmo nosso modelo de pensamento.

---

126 SARAMAGO, J. *In:* FRASES do escritor português José Saramago. **O Globo**, 18 jun. 2010. Disponível em: https://oglobo.globo.com/cultura/frases-do-escritor-portugues-jose-saramago-2992042. Acesso em: 24 out. 2023.

É por isso tudo que a discussão sobre o que pode ser feito para regulamentá-las é tão urgente. Ter algum tipo de limites nesse mundo sem leis das redes sociais é importante por várias razões:

▶ **proteção da saúde mental:** o uso excessivo, e muitas vezes viciante, das redes sociais pode levar a problemas de saúde mental, como ansiedade, depressão, solidão e baixa autoestima. A regulamentação pode ajudar a mitigar os aspectos prejudiciais das redes sociais, como a pressão social, o cyberbullying e a exposição a conteúdo perturbador;

▶ **privacidade e segurança:** a regulamentação pode estabelecer padrões para a coleta, o armazenamento e o uso de dados pessoais pelos gigantes da tecnologia. Isso pode proteger a privacidade dos usuários e evitar o mau uso de informações pessoais, como o compartilhamento indevido de informações com terceiros ou a manipulação de algoritmos para fins prejudiciais;

▶ **combate à desinformação:** as redes sociais muitas vezes servem de veículo para a disseminação de desinformação, teorias da conspiração e notícias falsas. A regulamentação pode exigir maior transparência nas políticas de moderação de conteúdo e promover a verificação de fatos para reduzir a propagação de informações enganosas;

▶ **promoção do discurso saudável:** regulamentações podem incentivar a moderação responsável de conteúdo, limitando a disseminação de discurso de ódio, incitação à violência e assédio on-line. Isso pode criar ambientes on-line mais seguros e inclusivos;

▶ **redução do monopólio:** poderosas empresas de tecnologia controlam grande parte das redes sociais, limitando a concorrência e dificultando a inovação. A regulamentação pode promover a concorrência e impedir práticas anticompetitivas, beneficiando os consumidores e a diversidade de plataformas;

▶ **responsabilidade das plataformas:** regulamentações podem definir responsabilidades claras para as plataformas em relação ao conteúdo hospedado em suas redes. Isso pode incentivá-las a tomar medidas mais eficazes contra conteúdo prejudicial e ilegal;

▶ **proteção de grupos vulneráveis:** a regulamentação pode incluir medidas para proteger grupos vulneráveis, como crianças e adolescentes, de conteúdo inapropriado e exploração on-line;

▶ **transparência e prestação de contas:** a regulamentação pode exigir que as empresas de tecnologia sejam mais transparentes sobre suas políticas e práticas, além de fornecerem mecanismos para os usuários contestarem decisões de moderação de conteúdo.

Ter "bons motivos" para regulamentar, porém, não basta: é necessário encontrar um equilíbrio entre a regulamentação e a liberdade de expressão on-line.

O excesso de limites pode restringir a inovação e prejudicar a liberdade de expressão, portanto é fundamental desenvolver normas equilibradas e que protejam os interesses da sociedade e do indivíduo sem sufocar a criatividade e o intercâmbio de ideias na internet.

Essa preocupação vem mobilizando agentes em todo o mundo. A União Europeia (UE) tem leis de serviços e de mercados digitais: a *Lei de Serviços Digitais* (DSA) e a *Lei de Mercados Digitais* (DMA). Essas leis incluem regras para plataformas e soluções a fim de combater conteúdos on-line prejudiciais ou ilegais, como a desinformação. A UE dispõe de regras de vigilância, de maior responsabilização pela cibercriminalidade e de sanções severas para o não cumprimento de medidas em plataformas digitais de elevado tráfego.[127]

Quase todos os países ao redor do mundo estão considerando regulamentar as mídias sociais – mas como seria feito isso sem cercear a liberdade de expressão?

Um relatório divulgado pelo grupo de trabalho sobre infodemia, do Fórum Informação e Democracia, composto para fazer recomendações não vinculativas a 38 países, que incluem Austrália, Canadá, França, Alemanha, Índia, Coreia do Sul e Reino Unido, aponta algumas diretrizes.

Uma das propostas é exigir que as redes sociais divulguem detalhes de seus algoritmos e suas funções principais a investigadores confiáveis para que a tecnologia possa ser examinada e auditada. Outra é desenvolver requisitos obrigatórios de segurança e qualidade para plataformas digitais. Além disso, o documento sugeriu aumentar as restrições ao compartilhamento on-line para evitar a disseminação desenfreada de desinformação.

---

127 SCHENDES, W. Como a União Europeia pode mudar o uso da internet no mundo todo. **Olhar Digital,** 21 ago. 2023. Disponível em: https://olhardigital. com.br/2023/08/21/pro/como-a-uniao-europeia-pode-mudar-o-uso-da-internet-no-mundo-todo/. Acesso em: 20 set. 2023.

Christopher Wylie, crítico de longa data da rede social Facebook, é um dos membros do Comitê Diretivo do Grupo sobre Infodemia e alertou: "É necessário fazer mais testes de segurança e passar por mais procedimentos de conformidade para construir uma torradeira do que para criar o Facebook", disse Wylie à BBC English Network.

O relatório do Fórum também recomenda que, se verificadores de fatos independentes identificarem uma história como notícia falsa, as redes sociais devem retificar, citando todas as pessoas expostas à desinformação.

No fundo, o que os autores do relatório argumentam é que as redes sociais deveriam simplesmente obedecer às leis que já existem fora das redes. Ou seja, na maioria das democracias ocidentais, você tem liberdade de expressão, mas essa liberdade precisa existir dentro do respeito aos limites do discurso de ódio, das leis de difamação etc.[128]

REGULAMENTAÇÃO DAS REDES SOCIAIS NO BRASIL

A regulamentação das redes sociais também se tornou um tema muito polêmico no Brasil, gerando muita discussão, mas finalmente surgiram notícias concretas sobre o tema. Audiências públicas no Supremo Tribunal Federal (STF), de 28 a 29 de março de 2023, discutiram o papel das redes sociais nas publicações dos usuários e até que ponto pessoas físicas ou jurídicas devem ser responsabilizadas em situações criminais. No entanto, o tema foi além da simples moderação de conteúdo e gerou reações positivas e negativas antes mesmo de ser implementado.

O que é regular as mídias sociais?

A proposta atual no Brasil é a de um processo que envolve um conjunto de normas e convenções sobre como avaliar redes digitais sob uma perspectiva legal e institucional. Dessa forma, pode-se garantir a liberdade dos usuários, evitando, ao mesmo tempo, que o ambiente on-line se torne um campo do "vale-tudo", e encontrar meios para que, sempre que necessário, as empresas sejam responsabilizadas.

---

[128] COMO acabar com as infodemias: 250 recomendações do Fórum sobre Informação e Democracia. **Repórteres Sem Fronteiras**, 12 nov. 2020. Disponível em: https://rsf.org/pt-br/como-acabar-com-infodemias-250-recomenda%C3%A7%C3%B5es-do-f%C3%B3rum-sobre-informa%C3%A7%C3%A3o-e-democracia. Acesso em: 20 set. 2023.

Isso significa definir como lidar com conteúdos ofensivos – desinformação, crimes cibernéticos (como perseguição, terrorismo ou consumo de material impróprio), discursos de ódio e até ataques à democracia.

Além disso, a ideia é exigir mais transparência no algoritmo das big techs, entendendo exatamente de que maneira elas recomendam conteúdo e por que impulsionam determinadas publicações.

Em resumo, o objetivo é regular e trazer transparência, mas não exercer controle absoluto sobre o funcionamento dessas aplicações em territórios nacionais, nem impor a remoção de determinados conteúdos ou incentivar a censura.[129]

E O MARCO CIVIL?

Outro ponto de discórdia diz respeito à legislação existente sobre o Marco Civil da Internet, também conhecido como *Lei nº 12.965*, de 2014,[130] atualmente em vigor, embora alguns de seus dispositivos tenham sido alterados.

O conjunto de leis vai além das penalidades e aborda princípios, garantias, direitos e obrigações dos consumidores e das empresas do setor – como a neutralidade da rede.

Representantes de outros setores da sociedade, como reguladores, universidades, ministros e deputados, deverão participar do debate em algum momento. Alguns consideram que a atribuição original do Marco não foi suficiente, enquanto outros defendem que a atribuição atual correspondeu às expectativas.

O tema é polêmico e complexo, e neste livro não será possível esgotar o assunto, mas o fato é que não podemos falar de caminhos para uma vida mentalmente mais saudável sem tocar na ferida que as redes sociais representam na modernidade.

---

129 AUDIÊNCIA pública vai discutir regras do marco civil da internet. **Supremo Tribunal Federal**, 3 mar. 2023. Disponível em: https://portal.stf.jus.br/noticias/verNoticiaDetalhe.asp?idConteudo=503467&ori=1. Acesso em: 23 set. 2023.

130 PRESIDÊNCIA DA REPÚBLICA. **Lei nº 12.965/2014**. Brasília, DF: Planalto. Disponível em: https://www.planalto.gov.br/ccivil_03/_ato2011-2014/2014/lei/l12965.htm. Acesso em: 24 set. 2023.

13—CUIDAR
DE QUEM CUIDA

> Os mestres da lei e os fariseus se assentam na cadeira de Moisés. Obedeçam-lhes e façam tudo o que eles lhes dizem. Mas não façam o que eles fazem, pois não praticam o que pregam.
>
> MATEUS 23:2,3 NVI

Estamos nos encaminhando para o final da nossa jornada, e eu não poderia encerrar esta obra sem falar de um público muito especial na questão dos cuidados mentais e que, por muitas vezes, é negligenciado.

Ao longo de todo o livro, fiz questão de destacar a importância de procurar ajuda profissional ao apresentar qualquer sintoma, mas e quando quem cuida precisa ser cuidado?

Numa hereditariedade vocacionada para a saúde, com bisavô e avô médicos, convivendo com tantos médicos e profissionais da saúde ao longo dos meus vinte anos de carreira na Apsen, sempre pensei no CPF por trás do CRM, no caso dos médicos, e em todos os que lidam com a saúde. Aprendi a respeitar e admirar muito a carreira do profissional da saúde por todo o desafio enfrentado desde a entrada na faculdade, pelos estudos, pela carga horária, pela residência, pelos mestres que ensinam, pela vocação e pela doação ao outro.

Foi numa viagem com alguns psiquiatras que minha ficha caiu para a necessidade de cuidar de quem cuida. Ficamos uma semana imersos na faculdade de Siena, na Itália, estudando uma molécula e, ao final da viagem, resolvi escrever uma carta simples e pessoal para cada um deles. Sim, você leu correto: uma carta. Espero que a tecnologia seja facilitadora, mas jamais substitua o prazer de receber uma carta nominal ou folhear um livro como este. Ao receber a carta com detalhes sobre o que cada um deles havia me ensinado com suas experiências profissionais e pessoais, todos se emocionaram. E um deles me disse: "Obrigado, Renata. Nós, médicos, estamos tão acostumados a cuidar que esquecemos como é bom ser cuidado." Uau! Eu nunca havia me dado conta disso, e nunca mais me esqueci.

Dessa experiência nasceu este capítulo!

São vários os estudos[131] recentes que vêm analisando a prevalência de transtornos mentais no público de profissionais da saúde e boa parte deles concluiu a maior incidência recente de algumas doenças, como o burnout, que foram agravadas no período da pandemia.

Principalmente em profissionais da saúde da linha de frente, que encararam adversidades adicionais decorrentes da exposição direta ao vírus. Isso obviamente gerou um estresse psicológico intenso, causado pelo medo de se infectar e transmitir o vírus para os familiares, os colegas de trabalho e os demais pacientes.

Além disso, as longas jornadas de trabalho, a falta de equipamentos de proteção individual (EPI) e a infraestrutura precária levaram muitos profissionais a sentimentos de solidão, desespero, irritabilidade e esgotamento físico e mental.

E, como vimos ao longo dessas páginas, situações extremamente estressantes como essas podem levar ao desenvolvimento de problemas de saúde mental em diferentes graus e formas, e os profissionais da saúde não são imunes a isso.

Para aqueles que precisaram se afastar da família a fim de evitar a contaminação, o distanciamento social, embora benéfico para reduzir a propagação da doença, os privou do apoio emocional crucial em um momento de fragilidade emocional.

Recordo aqui de uma conversa que tive com uma médica intensivista da linha de frente durante a pandemia de Covid-19 que me marcou profundamente. Ela ficou meses sem ver a mãe idosa para não a contaminar. Acontece que, durante a pandemia, a mãe

---

131 Alguns estudos consultados:
"Prevalence of **Burnout** Among Physicians: A Systematic Review";
"Mental Health, Substance Use, and Suicidal Ideation Among Nurses and Physicians During the COVID-19 Pandemic";
"The Mental Health of Doctors: A Systematic Literature Review";
"A Longitudinal Study of Depressive Symptoms and Work-Related Stressors in Collegiate Athletic Trainers";
"The Impact of the COVID-19 Pandemic on Mental Health of Nurses in the United States";
"Suicide Among Physicians: A Quantitative and Qualitative Study";
"Mental Health Stigma Among Healthcare Professionals: A Review".

passou a se sentir mal e ao visitar um médico descobriu um câncer já em fase bem avançada. Mais um motivo para a filha não ir vê-la, visto que em pacientes imunodeprimidos a possibilidade de contágio era ainda maior.

Resultado, em poucas semanas a mãe piorou, foi internada e não resistiu... e a filha não pôde nem ao menos se despedir dela em vida! Lembro-me como se fosse hoje da médica me contando isso, no auge da pandemia, com os olhos atrás das máscaras bastante marejados pela triste lembrança...

Sim, médicos, enfermeiros, são seres humanos como nós, com família, mãe, pai, filhos e filhas, e podem sofrer tanto quanto cada um de nós em situações-limite.

Não precisamos apenas pensar em situações extremas e raras como a da pandemia, mas na sobrecarga de trabalho, na falta de boas condições e em inúmeras outras questões que também podem sobrecarregar esses profissionais.

E um dos grandes problemas está expresso naquele velho ditado, citado de forma precisa na abertura desse capítulo: "Faça o que eu digo, mas não faça o que eu faço". Sim, meus amigos médicos que me desculpem, mas eles mesmos assumem que são menos propensos a procurar ajuda profissional especializada, como psicólogos e psiquiatras.

Conversando com outro médico psiquiatra, ele me relatou que poucos são os colegas que conseguem manter uma rotina de autocuidado. "As jornadas de trabalho normalmente são tão puxadas, que maioria não consegue se alimentar corretamente, o que dizer então de praticar atividades físicas, ter momentos de lazer e boas horas de sono? Infelizmente, o burnout tem encontrado terreno fértil na área médica", ele me alertou.

A visão desse médico está bem calcada na realidade. Outra médica com quem conversei também tem o mesmo sentimento e sentiu na pele as agruras dos transtornos mentais: "Eu sinto que boa parte dos médicos vive em uma situação-limite quanto ao cuidado com a saúde mental. A carga de trabalho a que a gente vem se submetendo é enorme, e isso causa uma pressão muito grande sobre a nossa saúde mental".

Segundo a médica, a maioria não prioriza a saúde mental e acaba fazendo sacrifícios nos pilares de autocuidado por um padrão de vida mais alto ou pela simples busca da sobrevivência. Ela mesma chegou a apresentar um caso de burnout e foi isso que a fez mudar de estilo vida.

> Deixei de trabalhar em uma clínica onde atendia um paciente a cada dez minutos, o que me gerava um estresse por não conseguir oferecer uma consulta de qualidade. Passei a atender on-line menos pacientes e somente uma vez por semana presencial, em consultório na avenida Paulista. Passei a me exercitar, comer e dormir melhor e agora estou, inclusive, me organizando pra ter um bebê.

Sim, médicos e profissionais da saúde precisam dos mesmos cuidados que todos nós e necessitam também da nossa empatia. Será que mandar um WhatsApp para seu médico às duas horas da manhã é realmente necessário? Quantas vezes nos colocamos no lugar do outro e lembramos que ele também tem limites, família, horário? Será que o médico não precisa também daquele tempo de descanso para poder estar bem e cuidar da gente?

Entretanto, além das mudanças em cada um de nós, medidas precisam ser tomadas em todas as instâncias para que essa questão da saúde mental do profissional da saúde seja vista com seriedade por toda a sociedade.

Faculdades, entidades médicas, cursos de residência e poder público precisam olhar com atenção para essa questão.

Se não olharmos com afeto, empatia e carinho para nossos profissionais da saúde, quem vai cuidar de quem cuida?

Como já comentei outras vezes, nesta minha trajetória como executiva de um laboratório farmacêutico, tive contato com muitos médicos e essa proximidade fez com que eu os visse como devem ser vistos: como profissionais altamente técnicos, dedicados e capacitados, mas com vulnerabilidades e necessidade de cuidados como todos nós! Afinal, somos todos parte de uma mesma família chamada humanidade!

Se não olharmos com afeto, EMPATIA e carinho para nossos PROFISSIONAIS da saúde, quem vai cuidar de QUEM CUIDA?

@respallicci

EPÍLOGO

Chegamos ao fim desta reflexão sobre a nossa saúde mental e o que devemos fazer para ter uma vida plena, menos ansiosa e repleta de amor, compartilhando cuidado com quem está ao nosso redor – e, assim, criando uma grande corrente, que será capaz de mudar o mundo, a sociedade ou, ao menos, o nosso interior.

Espero ter deixado aqui um pouco do que acredito que podemos realizar para viver com mais equilíbrio, apesar das nossas peculiaridades e diferenças.

Eu acredito realmente que, ao olharmos para nós mesmos e para a nossa saúde mental, estamos realizando um grande favor para nossa vida, mas, como citei no início da Parte 4 deste livro, também para a toda sociedade! Pessoas doentes criam uma sociedade doente e, certamente, não é esse legado que queremos deixar da nossa geração, não é mesmo?

Minhas vivências com transtornos mentais, como a depressão, a ansiedade e o burnout me empurraram para o caminho da cura que passa por uma longa jornada de autoconhecimento (que ainda estou percorrendo) e foi nesse trajeto que descobri o meu propósito de vida de compartilhar minhas vivências para, por meio delas, ajudar outras pessoas a ter uma vida mais plena e feliz.

Desde então, direcionei minha vida para essa missão e tenho a esperança de que este livro seja mais um importante capítulo desta minha caminhada. Sem a pretensão de esgotar o assunto, espero ter despertado em você a fagulha para a busca por uma vida em equilíbrio e por um autocuidado com a sua saúde mental.

Não nos iludamos que nossa vida será um mar calmo sem turbulências e tempestades e que se seguirmos alguma pretensa "receita de felicidade" tudo correrá sem sobressaltos. Não, a vida nos prega inúmeras surpresas, positivas e negativas, e é a forma como lidamos com elas que pode nos levar à sanidade ou aos transtornos.

Como já citei em outro ponto do livro, enquanto eu estava no processo de escrita desta obra fui diagnosticada com um câncer no intestino. Em meio à redação dos capítulos que você leu fui operada, tratada e curada e tenho para mim que estar imersa nesse processo de gestação do livro me foi essencial também nesse momento. Porque as pesquisas que fiz, os livros que li, as pessoas com quem conversei para chegar até aqui me ensinaram muito sobre manter a sanidade em momentos de tensão, e foi isso o que mais exercitei nos dias que passei internada.

Ao invés de me desesperar, pratiquei a gratidão por ter descoberto o tumor logo e em estágio inicial, gratidão por ter acesso a uma estrutura e ao tratamento que, infelizmente, boa parte das pessoas não pode ter! E, mais do que tudo, percebi quanto o que estava escrevendo nestas páginas realmente tem valor e importância! Sim, porque nossa vida é efêmera demais para vivermos estressados, ansiosos, exaustos por trabalhos tóxicos e rotinas estressantes. Precisamos de saúde metal, e isso passa por relações mais próximas com aqueles que amamos, com quem realmente nos importamos e passa principalmente pelo autocuidado e pelo amor por nós mesmos!

A busca por um caminho espiritual também é essencial para os cuidados com nossa saúde mental, e eu tenho aprendido quanto realmente essa conexão com o divino, acredite nele da forma que quiser acreditar, é necessária para uma vida equilibrada e plena.

É quando temos a noção da finitude da vida que tudo parece ser mais claro, e, nos dias que antecederam a minha cirurgia, eu tive a certeza de que escrever este livro era parte essencial da vida que eu sempre quis viver! Fico muito feliz por saber que você chegou até aqui comigo e eternamente grata por poder compartilhar esta história com final feliz com você ainda nas páginas deste livro.

O roteirista da minha vida não poderia prever final melhor para esta minha jornada! A Ele, eu dou o nome de Deus!

Gratidão
RENATA SPALLICCI

Este livro foi impresso pela gráfica Rettec em papel pólen bold 70g/m² em novembro de 2023.